엄마와 함께 파닉스를 공부해요!

# 파닉스 완전정복

엄마와 함께 파닉스를 공부해요!

# 파닉스 완전정복

**초판 1쇄 발행** | 2012년 2월 5일
**초판 8쇄 발행** | 2019년 4월 15일
**지은이** | 조명지
**펴낸이** | 박　혁
**펴낸곳** | 애플북21
**등록번호** | 제 2010-000163호
**주소** | 서울특별시 영등포구 선유로33길 22 101-710 (우 07270)
**전화** | 02-2068-2123
**팩스** | 02-2068-2173
**이메일** | applebook21@naver.com

ISBN　978-89-967436-0-6　13740

# 파닉스 완전정복

조명지 지음


애플북21

# 파닉스와 어휘 정복하기

이 책에는 그런 걱정을 해소할 수 있는 파닉스에 대한 모든 것을 실었습니다.

## 그렇다면 도대체 **파닉스**는 무엇일까요?

파닉스(Phonics)는 단어가 가진 소리, 즉 발음을 가르치는 방법입니다. 영어를 사용하는 나라에서 아이에게 읽는 법을 가르치기 위한 교육 방법으로 이용되고 있어요. 발음기호를 사용하지 않고 알파벳 문자만 보고 읽을 수 있는 능력을 키우는 것이지요.

예를 들면 낱소리 [흐], [애], [트]는 각각 문자 h, a, t로 기록된다는 것을 배우는 것입니다.

## **파닉스** 교육의 **이로운 점**이 뭐죠?

1 어린 아이들의 경우, 읽기 쉬운 단어부터 접근하기 때문에 어휘력 쌓기에 체계가 생겨요.

2 자연스럽게 발음을 이해하게 되니 어휘들이 좀 더 쉽고 빠르게 터득되고요.

3 발음만 듣고도 바른 스펠링 쓰기를 할 수 있게 되지요.

 ## 이 책이 다른 파닉스 책들과 **다른 점**은 뭔가요?

**①** **단원마다 성인용과 어린이용을 함께** 묶어서 구성했어요.

이미 출판된 파닉스 책들은 주로 어린이용으로 쓰여져 있어 설명 부분이 빠져 있거나 부족하지요. 그러나 어른들은 아이들과 달라 원칙을 이해하면 활용이 빠르다는 장점을 살려 파닉스의 원리를 설명하였습니다. 따라서 파닉스를 배우고자 하는 부모님 자신의 학습뿐만 아니라, 아이들을 가르치고자 할 때도 활용할 수 있습니다.

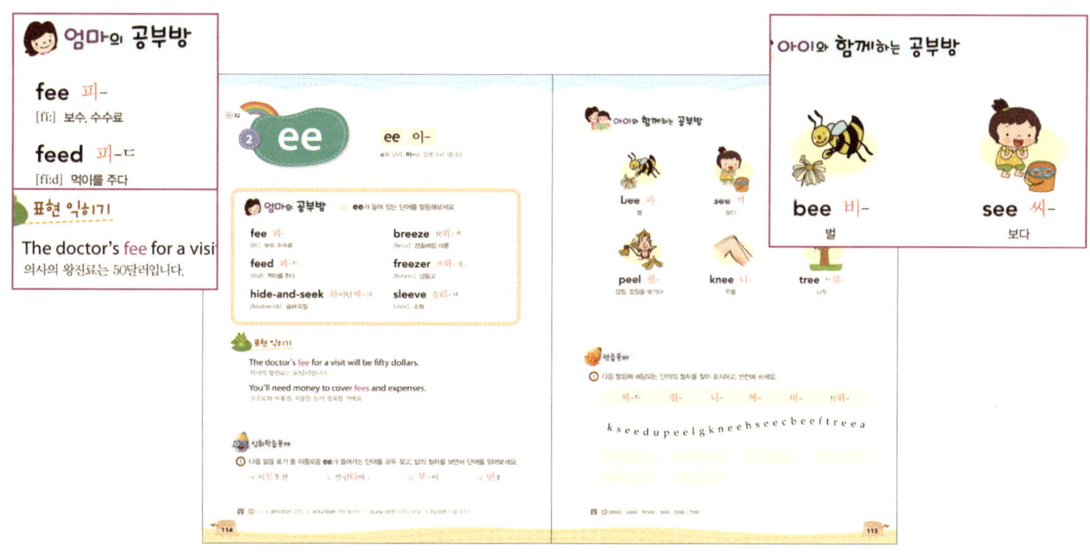

**②** **실생활에서 활용도가 높은 단어**들을 골랐어요. 따라서 풍부한 어휘력까지 갖출 수 있답니다.

hide and seek(숨바꼭질)이나 belly button(배꼽), potty training(어린이 변기 훈련), tug of war(줄다리기) 같은 아이들을 위해 필요한 표현, 혹은 doctor fee(진료비), couch(소파: 미국에서는 sofa보다 더 보편적으로 씁니다.), cast(깁스, 석고 붕대), conditioner(컨디셔너: 우리가 보통 린스라고 말하는데, 컨디셔너가 올바른 표현이지요. rinse는 헹군다는 뜻입니다.) 등 실생활에서의 활용도가 높은 단어들이 소개되어 있어요.

**③** 또한 예시 단어 중 사용 빈도가 높은 단어를 골라 그 단어가 들어가는 **문장도 함께 실**어서 회화에 활용할 수 있도록 고려하였습니다.

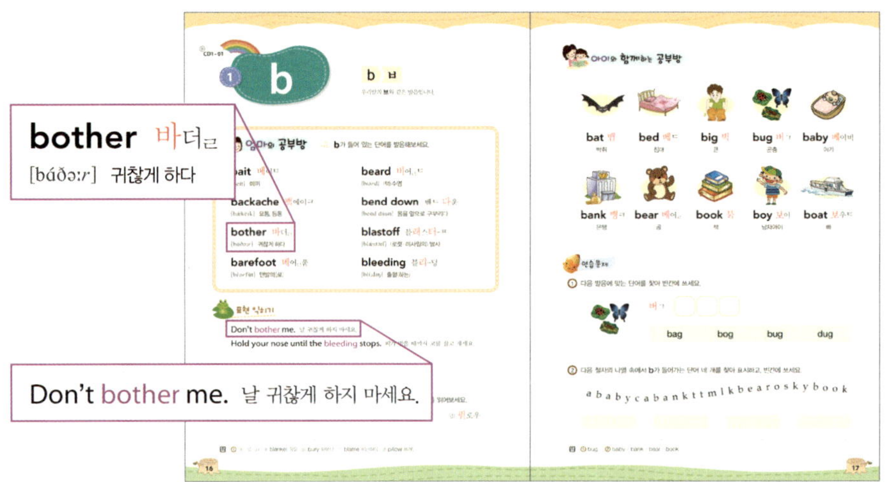

**④** **어른용과 어린이용 연습문제**가 별도로 구성되어 있어요.

특히 어른용 연습문제는 회화에서 자주 사용되는 어휘로 구성했어요.

**⑤ 글자의 크기와 색으로 악센트를 표시**하였어요.

강세가 붙는 발음 부분의 글자를 크게 하고 게다가 색으로 나타냈어요. 또한 길고 짧은 발음까지 표시되어 있어서 이 책을 읽다 보면 저절로 자연스런 영어 발음을 익힐 수 있을 것입니다.

예 **goose** 구-쓰          **train** 트뢰인

**⑥ 부록에서는 기본 발음 규칙을 벗어나는 단어들을 읽을 수 있도록 발음기호를 익히고, 발음 쓰기 연습으로 파닉스를 완성**하게 했어요.

파닉스를 알고 있으나 파닉스 규칙을 벗어나는 단어들 때문에 오히려 더 혼돈스러워하는 아이들을 위해 꼭 필요한 완성 단계입니다.

**⑦ '엄마의 공부방', '표현 익히기', '아이와 함께하는 공부방' 부분은 원어민의 음성으로 녹음**되어 있으므로 MP3 CD를 들으면서 따라 하다보면 보다 정확한 영어 발음을 익힐 수 있을 것입니다.

**⑧ 이 책에 나오는 모든 단어를 정리한 색인**을 만들어, 궁금한 단어를 쉽게 찾을 수 있고 확인하며 학습할 수 있게 했어요.

# 일러두기

## ① 발음 표기

이 책에서는 가능한 미국식 발음에 가깝게 표현하기 위해 아래와 같은 방법을 사용했습니다.

**1** 거의 발음되지 않는 소리를 표기할 때 ─ → ⋯, │ → ⋮

**goose** 구-쓰

**orange** 오뤈주

**bait** 베이트

구-쓰와 오뤈주의 쓰와 주는 쓰나 쥐보다 약하게, 거의 발음을 하지 않는다는 기분으로 소리 냅니다.

**2** 단어 중에 있는 철자 r의 발음이 약하게 나는 것을 표기할 때 ㄹ로 표기했습니다.

**record** 리코ㄹ-드

**beard** 비어ㄹ드

**3** 모음 발음기호를 표기할 때

 ⓐ ɛə → 베어(에어)

  **barefoot** [bɛ́ərfùt] 베어ㄹ풋

 ⓑ æ → 애(애)

  **blanket** [blǽŋkit] 블랭킽

 ⓒ e → 에

  **bury** [béri] 베뤼

  **blame** [bléim] 블레임

  **face** [féis] 페이스

ⓓ ɔ → 어/아

**laundry** [lɔ́ːndri] 러-ㄴ드릐

**cross** [krɔːs] 크롸쓰

ⓔ ʌ → 아/어

**comfortable** [kʌ́mftəbl] 컴프터블

**disgusting** [disgʌ́stiŋ] 디스가스팅


## ② 강세 표시

한글 발음 표기에서 붉은 색깔로 크게 쓴 부분은 강하게 발음하라는 표시입니다.

**credit card** [krédit kàːrd] 크뢰딭 카-ㄹ드


## ③ 장음 표시

–는 길게 발음하라는 표시입니다.

**receipt** [risíːt] 릐씨-트

**발음**이 아무리 예뻐도 **악센트**의 위치가 틀리면
외국인들이 못 알아들어요!!!

　우리말에는 단어 자체에 악센트가 없습니다. 즉 악센트에 의해서 단어의 뜻이 달라지지 않지요. 예를 들면 **대한민국**을 말할 때 대한민국, 대한민국, 대한민국, 대한민국과 같이 어느 한 음절을 더 세게 발음한다고 해도 뜻이 달라지지 않아요.

　그러나 영어에서는 철자가 같더라도 악센트가 어디에 붙는지에 따라 발음과 뜻이 달라지는 경우가 있습니다.

　**record**라는 단어는 명사 **기록**의 뜻일 때는 발음기호를 [rékərd]로 표기하고 레커ㄹ드로 읽지만, 동사 **기록하다**의 뜻일 때는 [rikɔ́ːrd]로 발음기호를 표기하고 리코ㅡㄹ드라고 발음합니다.

　또 **용서를 구하다**를 의미하는 **apology**[əpálədʒi]의 경우 파닉스상으로 어팔러쥐라고 발음하면 되지만, 실제로 원어민이 발음하는 것을 들어보면 어는 들리는 둥 마는 둥 하고 팔러쥐로만 들린답니다. 이유는 악센트가 들어가는 팔 앞의 어는 약하게 발음되기 때문에, 어팔러쥐로 들리는 것입니다.

　이러한 경우는 파닉스의 기본적인 발음 규칙만으로는 올바른 발음을 할 수 없겠지요.

　이 책에서는 이처럼 기본 규칙에서 벗어나는 발음까지 연습할 수 있도록 모든 단어에 한글 발음 표기를 붙였습니다. 또한 발음 표기 중 악센트가 들어가는 부분의 글자는 크게 색으로 처리하고, 길게 발음해야 하는 부분에는 장음 표시를 하여 눈으로 보기만 해도 발음하는 방법이 자연스럽게 습득될 수 있도록 한 것입니다.

# 목차 contents

Let's study!!

# 1

# 자음 파닉스

| | | | | |
|---|---|---|---|---|
| ❶ b | ❷ c | ❸ d | ❹ f | ❺ g |
| ❻ h | ❼ j | ❽ k | ❾ l | ❿ m |
| ⓫ n | ⓬ p | ⓭ q | ⓮ r | ⓯ s |
| ⓰ t | ⓱ v | ⓲ w | ⓳ x | ⓴ y |
| ㉑ z | | | | |

# 1 b

**b** 〉 ㅂ

우리말의 **브**와 같은 발음입니다.

**엄마**의 **공부방**　　🔊 **b**가 들어 있는 단어를 발음해보세요.

**bait** 베이트
[beit] 미끼

**beard** 비어ㄹ드
[biərd] (턱)수염

**backache** 백에이크
[bǽkèik] 요통, 등통

**bend down** 벤드 다운
[bend dáun] 몸을 앞으로 구부리다

**bother** 바더ㄹ
[báðə:r] 귀찮게 하다

**blastoff** 블래스터-프
[blǽstɔ̀:f] (로켓·미사일의) 발사

**barefoot** 베어ㄹ풑
[bέərfùt] 맨발의[로]

**bleeding** 블리-딩
[blí:diŋ] 출혈(하는)

### 표현 익히기

**Don't bother me.** 날 귀찮게 하지 마세요.

**Hold your nose until the bleeding stops.** 피가 멎을 때까지 코를 잡고 계세요.

### 심화학습문제

① 다음 발음 표기 중 **b**가 들어가는 단어를 모두 찾고, 답의 철자를 보면서 단어를 읽어보세요.

ⓐ 블랭킽　　　　ⓑ 베뤼　　　　ⓒ 블레임　　　　ⓓ 필로우

---

**답** ① ⓐ, ⓑ, ⓒ [ⓐ blanket 담요 ⓑ bury 파묻다 ⓒ blame 비난하다 ⓓ pillow 베개]

**bat** 뱉 — 박쥐

**bed** 베드 — 침대

**big** 빅 — 큰

**bug** 버그 — 곤충

**baby** 베이비 — 아기

**bank** 뱅크 — 은행

**bear** 베어ㄹ — 곰

**book** 북 — 책

**boy** 보이 — 남자아이

**boat** 보우트 — 배

## 연습문제

① 다음 발음에 맞는 단어를 찾아 빈칸에 쓰세요.

버그 ☐ ☐ ☐

bag     bog     bug     dug

② 다음 철자의 나열 속에서 **b**가 들어가는 단어 네 개를 찾아 표시하고, 빈칸에 쓰세요.

ababycabanktttmlkbearoskybook

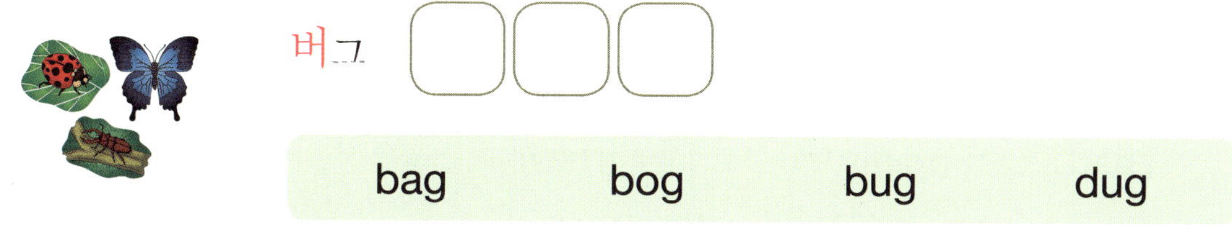

답 ① bug ② baby / bank / bear / book

## 2 C

## C ㅋ

우리말의 **ㅋ**와 같은 발음입니다.

---

 **엄마**의 **공부방**     **C**가 들어 있는 단어를 발음해보세요.

**couch** 카우추
[kautʃ] 소파

**cast** 캐스트
[kæst] 깁스

**cartoon** 카-ㄹ투-운
[kɑːrtúːn] 만화

**commercial** 커머-ㄹ셜
[kəmə́ːrʃəl] 광고 방송

**comic book** 카믹 북
[kámik bùk] 만화책

**cough** 커-ㅍ
[kɔːf] 기침

**comfortable** 컴프터블
[kʌ́mftəbl] 편안한

**credit card** 크뤠딭 카-ㄹ드
[krédit kàːrd] 신용 카드

---

 표현 익히기

I had a **cast** on my leg.  나 다리에 깁스했어.
TV **commercial** / TV **advertisement**  TV 광고

---

 심화학습문제

① 다음 발음 표기 중 **C**가 들어가는 단어를 모두 찾고, 답의 철자를 보면서 단어를 읽어보세요.

ⓐ 어드배-ㄴ티지     ⓑ 컴피티션     ⓒ 어뮤-즈먼트 파-ㄹ크     ⓓ 컴플레인

---

답  ① ⓑ, ⓓ [ⓐ advantage 유리한 점  ⓑ competition 경쟁  ⓒ amusement park 놀이공원  ⓓ complain 불평하다]

 아이와 **함께**하는 **공부방**

**cat** 캩
고양이

**can** 캔
깡통

**cut** 컽
자르다

**cow** 카우
소

**cook** 쿡
요리사

**coat** 코우트
코트

**crayon** 크뢰이욘
크레용

**cake** 케익
케이크

연습문제

① 다음 발음의 단어를 퍼즐에서 찾아 표시하세요.

| 캩 | 캔 | 카우 | 쿡 | 케익 | 크뢰이욘 |

| b | o | k | c | a | t |
|---|---|---|---|---|---|
| t | i | m | e | c | b |
| c | r | a | y | o | n |
| b | i | r | d | o | i |
| m | y | c | a | k | e |
| e | a | e | o | d | m |
| n | k | i | s | w | a |

② 다음 철자의 나열 속에서 **c**가 들어가는 단어 네 개를 찾아 표시하고, 빈칸에 쓰세요.

ababycutboatcatnocakepeacook

참고하세요!

**모음의 영향을 받아 달라지는 c의 발음**

ce, ci의 c는 **ㅋ**로 소리 나지 않습니다.
모음 e, i의 영향을 받아 부드러운 소리 **스**나 **쓰**로 변합니다.

**face** 페이쓰    **race** 뢰이쓰    **ceremony** 쎄뤠모니    **special** 스페셜
얼굴        경주        격식        특별한

---

답 ①

| b | o | k | c | a | t |
|---|---|---|---|---|---|
| t | i | m | e | c | b |
| c | r | a | y | o | n |
| b | i | r | d | o | i |
| m | y | c | a | k | e |
| e | a | e | o | d | m |
| n | k | i | s | w | a |

② cut / cat / cake / cook

## 3 d

d > ㄷ

우리말의 **ㄷ**와 같은 발음입니다.

 **엄마**의 **공부방**  d가 들어 있는 단어를 발음해보세요.

**dairy farm** 데어리 파-ㄹ암
[déəri fàːrm] 낙농장

**disappointed** 디써퍼인티드
[dìsəpóintid] 실망한

**dawn** 도-ㄴ
[dɔ́ːn] 새벽

**drawer** 드뤄-어ㄹ
[drɔ́ːər] 서랍

**dumpling** 담플링
[dʌ́mpliŋ] 만두

**drop** 드뢊
[drɑ́p] 떨어뜨리다, 물방울

**diplomat** 디플러맽
[dípləmæt] 외교관

**disgusting** 디스가스팅
[disgʌ́stiŋ] 혐오스러운

 **표현 익히기**

Be careful not to drop that glass.  그 잔을 떨어뜨리지 않게 조심하세요.
This is really disgusting.  이건 정말 혐오스러워.

 **심화학습문제**

① 다음 발음 표기 중 d가 들어가는 단어를 모두 찾고, 답의 철자를 보면서 단어를 읽어보세요.

ⓐ 더-터ㄹ          ⓑ 대미주          ⓒ 토울게이트          ⓓ 피-버ㄹ

답  ① ⓐ, ⓑ [ⓐ daughter 딸  ⓑ damage 피해  ⓒ tollgate 통행료 징수소  ⓓ fever (병으로 인한) 열]

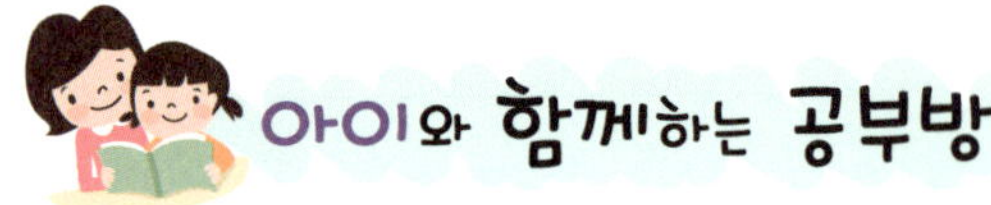

# 아이와 함께하는 공부방

**dog** 더-ㄱ
개

**duck** 덕
오리

**doll** 돌
인형

**door** 도-어ㄹ
문

**desk** 데스크
책상

**down** 다운
아래로

**dig** 디ㄱ
(땅을) 파다

**doctor** 닥터ㄹ
의사

## 연습문제

① 다음 발음의 철자를 맞게 고쳐 쓰세요.

데스크   sekd   ☐ ☐ e ☐ ☐

② 다음 철자의 나열 속에서 **d**가 들어가는 단어 네 개를 찾아 표시하고, 빈칸에 쓰세요.

y d i g k d w n d o w n d l c d o c t o r b d o o r

☐ ☐ ☐ ☐

---

답 ① desk  ② dig / down / doctor / door

# f ▸ ㅍ

우리말에는 없는 발음으로, 윗니를 아랫입술에 가볍게 대고 **프**
하고 발음합니다.

**f**의 알파벳 이름은 **에프**이고 소리는 **프**입니다. 즉 앞에 있는 모음
부분 **에**는 버려버리고, 뒤의 자음 부분인 **프**만 취하는 것입니다.

---

 **엄마**의 **공부방**　　f가 들어 있는 단어를 발음해보세요.

**fever** 피-버ㄹ
[fíːvər] 열

**favorite** 페이버릿
[féivərit] 특히 좋아하는 것

**frown** 프롸운
[fráun] (얼굴을) 찡그리다

**female** 피-메일
[fíːmeil] 여성, 암컷

**fake money** 페이크 머니
[féik mʌ̀ni] 위조 지폐

**face-to-face** 페이쓰터페이쓰
[féistəféis] 얼굴을 마주 대하고

**fairy tale** 페어리 테일
[féəri tèil] 동화

**flight attendant** 플라이트 어텐던트
[fláit ətèndənt] (비행기의 객실) 승무원

---

 **표현 익히기**

I've got a fever. 나 열이 있어.

The painting was a fake. 그 그림은 가짜였어.

 **심화학습문제**

① 다음 발음 표기 중 **f**가 들어가는 단어를 모두 찾고, 답의 철자를 보면서 단어를 읽어보세요.

ⓐ 트뤠일　　　　ⓑ 데스티네이션　　　　ⓒ 퓨-너뤌　　　　ⓓ 퍼니

---

**답** ① ⓒ, ⓓ [ⓐ trail 산책로　ⓑ destination 목적지, (물품의) 도착지　ⓒ funeral 장례식　ⓓ funny 웃기는]

**food** 푸-드
음식

**family** 패멀리
가족

**father** 파-더ㄹ
아버지

**fish** 피슈
물고기

**five** 파이브
다섯

**fox** 팍쓰
여우

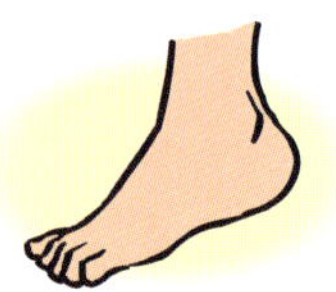

**foot** 풑
(한 쪽) 발

**fire** 파이어ㄹ
불

① 다음 발음에 맞는 단어를 찾아 빈칸에 쓰세요.

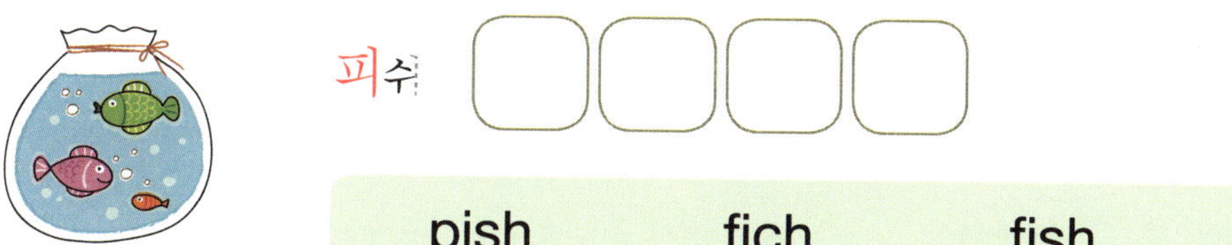

피쉬 ☐ ☐ ☐ ☐

pish     fich     fish     bish

② 다음 발음과 단어를 서로 맞게 연결하세요.

ⓐ 풑 •          • father

ⓑ 파-더ㄹ •          • fire

ⓒ 푸-드 •          • food

ⓓ 파이어ㄹ •          • foot

---

답  ① fish  ② ⓐ foot  ⓑ father  ⓒ food  ⓓ fire

# 5 g

## g ㄱ

알파벳 이름과는 달리 우리말의 **ㄱ**로 발음합니다.

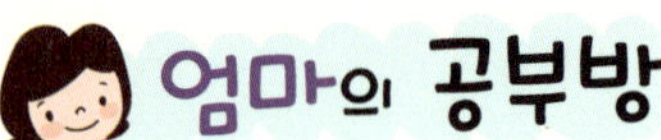 **엄마의 공부방**  g가 들어 있는 단어를 발음해보세요.

**grown-up** 그로운엎
[gróunʌ̀p] 성인, 어른

**garbage** 가-ㄹ비쥐
[gá:rbidʒ] 쓰레기

**garage sale** 거롸-지 쎄일
[gərá:ʒ sèil] 중고 가정용품 차고 판매

**gulp** 겈ㅍ
[gʌlp] 꿀꺽 삼키다, 벌컥 마시다

**glasses** 글래씨-즈
[glǽsiz] 안경

**grocery** 그뤄우서릐
[gróusəri] 슈퍼마켓

**grade** 그뤠이드
[gréid] 등급, 학년, 성적

**guarantee** 게뤈티-
[gæ̀rəntí:] 품질 보증서

 **표현 익히기**

What grade are you in?  너 몇 학년이니?

I'm in the 3rd grade.  3학년이에요.

She swallowed the rice cake in one gulp.  그녀는 그 떡을 한번에 꿀꺽 삼켰다.

 **심화학습문제**

① 다음 발음 표기 중 **g**가 들어가는 단어를 모두 찾고, 답의 철자를 보면서 단어를 읽어보세요.

ⓐ 가-ㄹ비쥐 캔     ⓑ 스트뤼-트     ⓒ 다운타운     ⓓ 가-ㄹ릭

답 ① ⓐ, ⓓ [ⓐ garbage can 쓰레기통 ⓑ street 거리, 도로 ⓒ downtown 도심지, 중심가 ⓓ garlic 마늘]

**gum 검**

껌

**game 게임**

게임

**gift 기프트**

선물

**girl 거-ㄹ얼**

소녀

**gate 게이트**

대문

**grandmother**

그뢴드마더ㄹ 할머니

**green 그뤼-ㄴ**

초록색

**grape 그뢰이프**

포도

① 다음 발음의 철자를 맞게 고쳐 쓰세요.

기프트　figt

② 다음 발음과 단어를 서로 맞게 연결하세요.

ⓐ  거-ㄹ얼 •

• grandmother

ⓑ  그뤼-인 •

• grape

ⓒ  그뤤드마더ㄹ •

• green

ⓓ  그뤠이프 •

• girl

📢 참고하세요!

**모음의 영향을 받아 달라지는 g의 발음**

앞에서 모음은 앞에 있는 자음의 소리를 부드럽게 바꿔 놓기도 한다고 했었죠.
**ge**나 **gi**에 있는 g는 **그**가 아니라 **즈**로 소리 납니다. 자음 바로 뒤에 나오는 모음인 e와 i의 영향
으로 소리가 부드러워졌기 때문입니다.

**gentle** 젠틀　　　　**giant** 자이언트　　　　**giraffe** 저래프
점잖은　　　　　　　　　　거인　　　　　　　　　　기린

---

정답 ① gift　② ⓐ girl　ⓑ green　ⓒ grandmother　ⓓ grape

## 6

# h

**h ▷ ㅎ**

알파벳 이름과는 달리 **호**로 발음합니다.

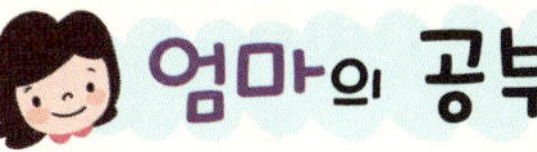 **엄마**의 **공부방**  h가 들어 있는 단어를 발음해보세요.

**hanger** 행어ㄹ
[hǽŋər] 옷걸이

**half** 해ㅍ
[hǽf] 반(쪽), 절반

**highway** 하이웨이
[háiwèi] 고속도로

**hide-and-seek** 하이던씨-크
[háidənsí:k] 숨바꼭질

**hurt** 허-ㄹ트
[hə́:rt] 다치게 하다, 아프다

**Hurry up!** 허뤼 엎
[hə́:ri ʌp] 서두르세요!

**Hands up!** 핸즈 엎
[hǽndz ʌp] 손을 들어주세요!

**Hang on!** 행 언
[hǽŋ ɔ́:n] 붙잡고 있어요!

 **표현 익히기**

Ouch! You hurt me.  아야! 네가 날 다치게 했어.

I'm so sorry. I didn't mean to hurt you.  정말 미안해. 널 다치게 하려는 게 아니었어.

 **심화학습문제**

① 다음 발음 표기 중 **h**가 들어가는 단어를 모두 찾고, 답의 철자를 보면서 단어를 읽어보세요.

ⓐ 폴트          ⓑ 하이브리드          ⓒ 핸디          ⓓ 프뤈들리

답  ① ⓑ, ⓒ [ⓐ fault 잘못  ⓑ hybrid 잡종, 혼종  ⓒ handy 손쉬운, 쓰기 편리한  ⓓ friendly 친절한]

**hat** 햍
모자

**hand** 핸드
손

**ham** 햄
햄

**hungry** 헝그리
배고픈

**house** 하우쓰
집

**head** 헤드
머리

**hundred** 헌드뤠드
백, 100

**honey** 허니
꿀

**hair** 헤어ㄹ
머리카락

**happy face** 해피 페이쓰
행복해하는 얼굴

 연습문제

① 다음 철자의 나열 속에서 **h**가 들어가는 단어 네 개를 찾아 표시하고, 빈칸에 쓰세요.

n c h e a d k h o n e y u h u n g r y m h a i r

|  |  |  |  |
| --- | --- | --- | --- |

② 다음 발음과 단어를 서로 맞게 연결하세요.

  햍 •　　　　　• hand

 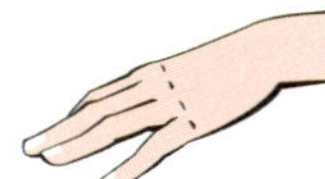 핸드 •　　　　　• house

  하우쓰 •　　　　　• hundred

 100 헌드뤼드 •　　　　　• hat

---

답　① head / honey / hungry / hair　② ⓐ hat ⓑ hand ⓒ house ⓓ hundred

**7**

# j

## j > ㅈ

우리말의 **쥐**와 같은 발음입니다.

---

 **엄마**의 **공부방**    j가 들어 있는 단어를 발음해보세요.

**jet lag** 젵 래ㄱ
[dʒét læg]  시차증(비행기 여행시 시차로 인한 피로)

**Japan** 저팬
[dʒəpǽn]  일본

**journey** 저-ㄹ니
[dʒə́ːrni]  (긴) 여행

**jewel box** 쥬-얼 박-쓰
[dʒúːəl bὰːks]  보석함

**joke** 조우ㅋ
[dʒouk]  농담

**joint** 조인트
[dʒɔint]  관절

**join** 조인
[dʒɔin]  연결하다, 함께하다, 가입하다

**jellyfish** 젤리피쉬
[dʒélifiʃ]  해파리

---

 **표현 익히기**

Will you join us for dinner?  우리와 저녁 식사 함께할래?

I'm suffering from jet lag.  난 시차증으로 고생하고 있어.

 **심화학습문제**

① 다음 발음 표기 중 j가 들어가는 단어를 모두 찾고, 답의 철자를 보면서 단어를 읽어보세요.

ⓐ 저-ㄹ널리스트        ⓑ 뤼버ㄹ        ⓒ 글래쓰        ⓓ 징글 벨

---

**답**  ① ⓐ, ⓓ [ⓐ journalist 기자  ⓑ river 강  ⓒ glass 유리잔  ⓓ jingle bell (썰매의) 방울]

**jet** 젵
제트 비행기

**jam** 쨈
잼

**jeep** 쥐-이프
지프(차)

**jacket** 줴킽
재킷, 상의

**jar** 좌-ㄹ
(잼·꿀 등을 담는) 병

**jeans** 쥐-인즈
청바지

**jump** 줨프
뛰다, 도약하다

**January** 줴뉴어릐 1월

---

연습문제

① 다음 발음에 맞는 단어를 찾아 빈칸에 쓰세요.

줨프 ☐ ☐ ☐ ☐

jomp    gump    jump    gomp

② 다음 철자의 나열 속에서 **j**가 들어가는 단어 네 개를 찾아 표시하고, 빈칸에 쓰세요.

y d i j e t w d t a m d j e e p h j a c k e t w n k x a r s j e a n s

☐ ☐ ☐ ☐

---

답  ① jump   ② jet / jeep / jacket / jeans

# 8 · k

## k › ㅋ

우리말의 **ㅋ**와 같은 발음입니다.

---

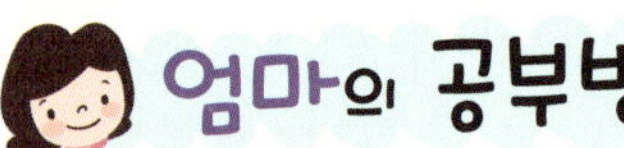 **엄마**의 **공부방**  🔊 **k**가 들어 있는 단어를 발음해보세요.

**keyword** 키-워-ㄹ드
[kíːwəːrd] 핵심어

**kill-time** 킬타임
[kíltàim] 소일거리, 심심풀이

**kidney** 키드니
[kídni] 콩팥, 신장

**kindness** 카인드너스
[káin(d)nəs] 친절함

**kingdom** 킹덤
[kíŋdəm] 왕국

**keep on** 키-ㅍ 온
[kiːp an] 계속 가다

**Korea** 커리-어
[kəríːə] 한국

**kettle** 케틀
[kétl] 주전자

---

 **표현 익히기**

I don't know how to **kill time**. 시간을 어떻게 보내야 할지 모르겠다.

**Keep going** until you get to the station. 역이 나올 때까지 계속 가세요.

---

 **심화학습문제**

① 다음 발음 표기 중 **k**가 들어가는 단어를 모두 찾고, 답의 철자를 보면서 단어를 읽어보세요.

ⓐ 텔리포운　　　ⓑ 케쳐ㅍ　　　ⓒ 키췬웨어ㄹ　　　ⓓ 도워-ㄹ납

---

**답** ① ⓑ, ⓒ [ⓐ telephone 전화기　ⓑ ketchup 케첩　ⓒ kitchenware 부엌[주방]용품　ⓓ doorknob (문의) 손잡이]

**kite** 카잍

연

**king** 킹

왕

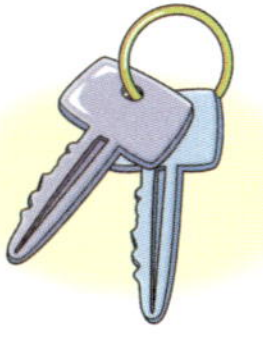

**key** 키-

열쇠

**kick** 킥

(발로) 차다

**kid** 키드

어린이

**kitten** 기튼

새끼 고양이

**kitchen** 키췬

부엌

**kind** 카인드

친절한

**연습문제**

① 다음 발음에 맞는 단어를 찾아 빈칸에 쓰세요.

킥

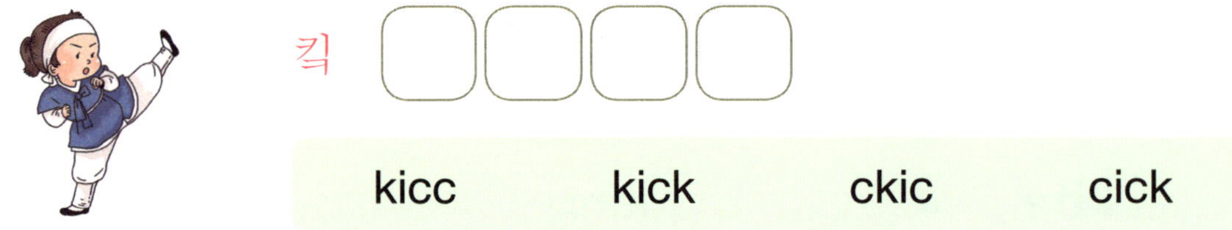


② 다음 철자의 나열 속에서 **k**가 들어가는 단어 다섯 개를 찾아 표시하고, 빈칸에 쓰세요.

e t k i n d w k i d d j k e y j e e p k i n g k e t k i t e k b n s

**참고하세요!**

c·k·ck는 대부분 같은 소리로 발음되므로, 스펠링을 외울 때는 잘 구분해서 외워야 합니다. 예를 들어 card의 c, kind의 k, duck의 ck는 모두 같은 ㅋ으로 소리납니다.

| ㅋ 소리가 가능한 글자 | c | k | ck |
| --- | --- | --- | --- |
| 단어의 예 | card | kind | duck |
| 단어의 발음 | 카ㄹ드 | 카인드 | 덕 |

**답** ① kick  ② kind / kid / key / king / kite

## 9  l

### l 〉ㄹ

혀끝을 윗앞니 뿌리 부분에 살짝 대고 입을 옆으로 납작하게 만든 후, 즉 라라라 하고 노래할 때와 같은 위치에 혀를 놓고 **르** 소리를 냅니다.

**엄마**의 **공부방**  l이 들어 있는 단어를 발음해보세요.

**laundry** 러ㄴ드리
[lɔ́:ndri] 세탁물, 세탁장

**lullaby** 럴러바이
[lʌ́ləbài] 자장가

**lonely** 로운리
[lóunli] 외로운

**licence** 라이쓴쓰
[láis(ə)ns] 면허, 면허증

**lose** 루ㅡㅈ
[lú:z] 분실하다, 잃다

**loudly** 라우들리
[láudli] 큰 소리로, 소란스럽게

**label** 레이블
[léibl] 상표

**lung** 렁
[lʌŋ] 허파, 폐

### 표현 익히기

She lives alone and often feels lonely.  그녀는 혼자 살면서 종종 외로움을 느낀다.

He attached a label to a parcel.  그는 소포에 꼬리표를 붙였다.

### 심화학습문제

① 다음 발음 표기 중 l이 들어가는 단어를 모두 찾고, 답의 철자를 보면서 단어를 읽어보세요.

ⓐ 프라스트바이트        ⓑ 포인트        ⓒ 래더ㄹ        ⓓ 래프

**답** ① ⓒ, ⓓ [ⓐ frostbite (손·발의) 동상  ⓑ point 끝, 점, 요점, 가리키다  ⓒ ladder 사다리  ⓓ laugh (소리내어) 웃다]

**lemon** 레먼
레몬

**lion** 라이언
사자

**left** 레프트
왼쪽

**line** 라인
줄, 선

**lake** 레이크
호수

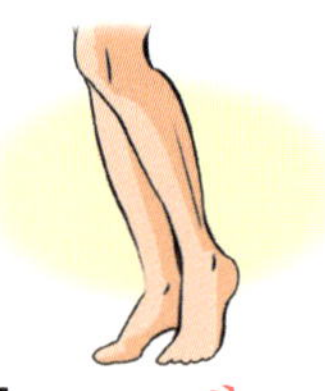

**leg** 레그
다리

**look** 룩
보다

**long** 렁-
긴

① 다음 발음에 맞는 단어를 찾아 빈칸에 쓰세요.

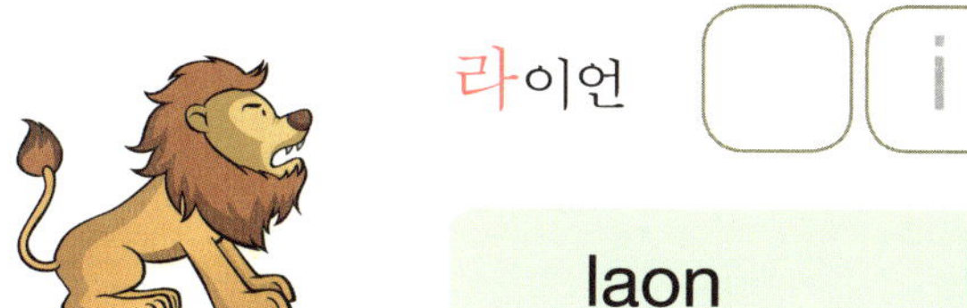

라이언  [  ] [ i ] [ o ] [  ]

laon        lion        rion        leon

② 다음 철자의 나열 속에서 l이 들어가는 단어 다섯 개를 찾아 표시하고, 빈칸에 쓰세요.

l i l e g I d l e f t o l a k e g l o n g y l e e p k l i n e s

발음할 때, 우리말로 보자면 받침이 있는 알파벳(예 l 엘·m 엠·n 엔·r 알)들은요!
받침 위의 모음 부분인 에는 무시하고, 받침 부분인 ㄹ·ㅁ·ㄴ만을 소리 부분으로 취합니다.

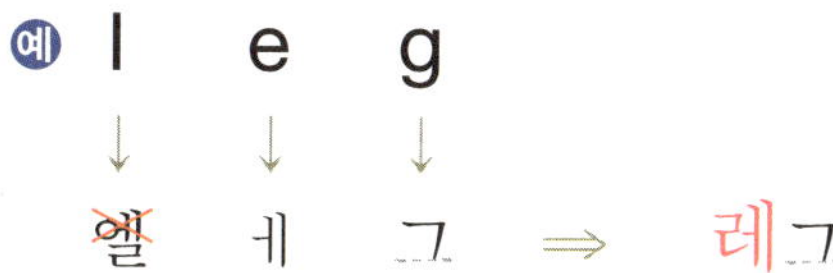

예  l    e    g
    ↓    ↓    ↓
    엘   에   그  ⇒  레그

답  ① lion    ② leg / left / lake / long / line

## 10 m

# m ▶ ㅁ

우리말의 **ㅁ**와 같은 발음입니다.
알파벳 이름의 받침 부분, 즉 **ㅁ**만을 택합니다.

---

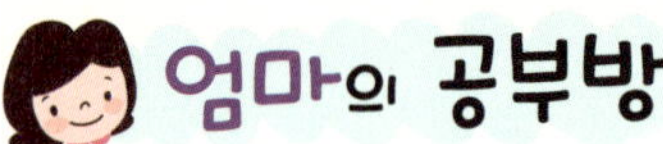

### 엄마의 공부방  　m이 들어 있는 단어를 발음해보세요.

**month** 먼쓰
[mʌnθ]  달, 일개월

**model** 마들
[mádl]  모델, 모형

**move-in** 무-빈
[múːvìn]  전입, 이입

**muscle** 머쓸
[mʌ́sl]  근육

**male** 메일
[méil]  남자, 수컷

**millionaire** 밀려네어ㄹ
[mìljənéər]  백만장자, 부호

**mechanic** 머케닉
[məkǽnik]  (차량 엔진) 정비공

**measure** 메져ㄹ
[méʒər]  측정(하다)

---

### 표현 익히기

He has strong muscle.  그는 강한 근육을 가졌다.

I need a mechanic to repair it.  그것을 고치려면 정비공이 필요해요.

### 심화학습문제

① 다음 발음 표기 중 **m**이 들어가는 단어를 모두 찾고, 답의 철자를 보면서 단어를 읽어보세요.

ⓐ 웨이브　　　　ⓑ 내깅　　　　ⓒ 머스키-토우　　　　ⓓ 디그

---

**답** ① ⓒ [ⓐ wave 파도  ⓑ nagging 잔소리하는  ⓒ mosquito 모기  ⓓ dig (땅을) 파다]

**monkey** 멍키

원숭이

**moon** 무-ㄴ

달

**mouse** 마우쓰

쥐

**Monday** 먼데이

월요일

**milk** 밀크

우유

**music** 뮤-직

음악

**movie** 무-비

영화

**mail** 메일

우편물

① 다음 발음의 철자를 맞게 고쳐 쓰세요.

마우쓰

m u s e o

| | o | u | | |
|---|---|---|---|---|

② 다음 발음의 단어를 퍼즐에서 찾아 표시하세요.

| m | o | o | n | k |
| s | m | a | l | e |
| z | o | a | c | v |
| i | o | b | i | n |
| k | m | x | p | l |
| m | u | s | i | c |
| o | m | i | l | k |

----------------------------------------

답 ① mouse
② 
| m | o | o | n | k |
| s | m | a | l | e |
| z | o | a | c | v |
| i | o | b | i | n |
| k | m | x | p | l |
| m | u | s | i | c |
| o | m | i | l | k |

# 11 n

**n › ㄴ**

우리말의 **ㄴ**와 같은 발음입니다.
알파벳 이름의 받침 부분인 **ㄴ**만 택합니다.

---

### 엄마의 공부방   **n**이 들어 있는 단어를 발음해보세요.

**national anthem** 내셔널 앤썸
[nǽʃən(ə)l ǽnθəm] (애)국가

**nervous** 너ㄹ-버쓰
[nə́:rvəs] 신경질적인, 초조해하는

**nursery** 너ㄹ-서리
[nə́:rsəri] 아기 방, 보육원

**nutrition** 뉴-트리션
[njuːtríʃən] 영양

**notice** 노우티쓰
[nóutis] 주목, 공고, 알림

**nightmare** 나잍메어ㄹ
[náitmὲər] 악몽, 가위눌림

**neighbor** 네이버ㄹ
[néibər] 이웃 (사람), 옆자리 사람

**naughty** 너-티
[nɔ́:ti] 말을 안 듣는, 버릇없는

---

### 표현 익히기

He looks **nervous**. 그가 초조해 보인다.

I spanked the **naughty** boy. 나는 그 버릇없는 아이의 엉덩이를 때렸다.

---

### 심화학습문제

① 다음 발음 표기 중 **n**이 들어가는 단어를 모두 찾고, 답의 철자를 보면서 단어를 읽어보세요.

ⓐ 다이얼렉트   ⓑ 아이덴티피케이션 카-ㄹ드   ⓒ 로우터쓰   ⓓ 네이비

---

답 ① ⓑ, ⓓ [ⓐ dialect 사투리 ⓑ identification card 신분증 ⓒ lotus 연꽃 ⓓ navy 해군]

**nut** 넡
견과

**news** 뉴-즈
소식

**notebook** 노우트북
공책

**nose** 노우즈
코

**night** 나일
밤

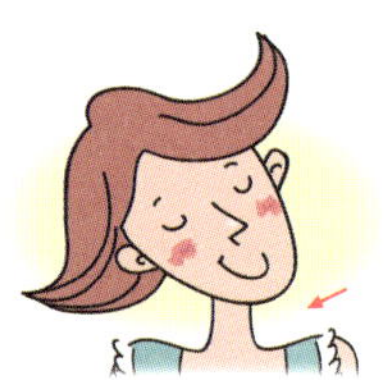

**neck** 넥
목

**name** 네임
이름

**noon** 누-ㄴ
정오, 한낮

① 다음 발음의 철자를 맞게 고쳐 쓰세요.

노우트북    netooobk

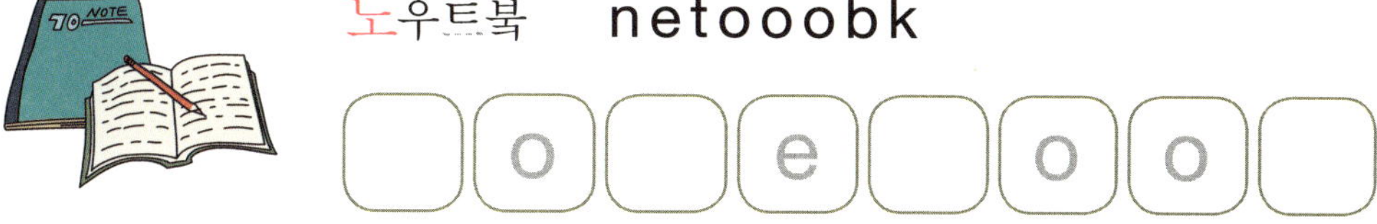


② 다음 발음의 단어를 퍼즐에서 찾아 표시하세요.

넽        나일        노우즈        네임        넥

| e | n | a | m | e |
|---|---|---|---|---|
| i | o | e | a | s |
| n | s | n | c | l |
| u | e | i | m | k |
| t | b | g | b | v |
| n | i | g | h | t |

---

답  ① notebook

②

| e | n | a | m | e |
|---|---|---|---|---|
| i | o | e | a | s |
| n | s | n | c | l |
| u | e | i | m | k |
| t | b | g | b | v |
| n | i | g | h | t |

**12**

# p

## p 프

우리말의 **프**와 같은 발음입니다.
**f**와는 달리, 이는 사용하지 않고 위아래 입술만 가볍게 마
주쳐서 소리 냅니다.

**엄마**의 **공부방**  p가 들어 있는 단어를 발음해보세요.

**pavement** 페이브먼트
[péivmənt] 포장도로

**passenger** 패씬저ㄹ
[pǽsindʒər] 승객

**parcel** 파-ㄹ쓸
[páːrsl] 소포

**paralyze** 패뤌라이즈
[pǽrəlàiz] 마비시키다, 무력하게 만들다

**pale** 페일
[péil] (얼굴이) 창백한, 파리한

**pay slip** 페이 슬맆
[péi slìp] 급여 명세표

**panic** 패닉
[pǽnik] 갑작스런 공포, 패닉, 허둥대다

**prescription** 프리스크뤂션
[priskrípʃən] 처방전

**표현 익히기**

**You look so tired and pale.** 너 무척 피곤하고 창백해 보여.

**Don't panic!** 허둥대지 마라!

**심화학습문제**

① 다음 발음 표기 중 **p**가 들어가는 단어를 모두 찾고, 답의 철자를 보면서 단어를 읽어보세요.

ⓐ 핀츄    ⓑ 플러뤠슨트 라이트    ⓒ 필    ⓓ 랜드로-ㄹ드

---

답 ① ⓐ, ⓒ [ⓐ pinch 꼬집기 ⓑ fluorescent light 형광등 ⓒ pill 알약 ⓓ landlord 집주인]

**pet** 펱
애완동물

**pants** 팬츠
바지

**purple** 퍼－르플
자주색

**pop** 팦
펑 하는 소리(가 나다)

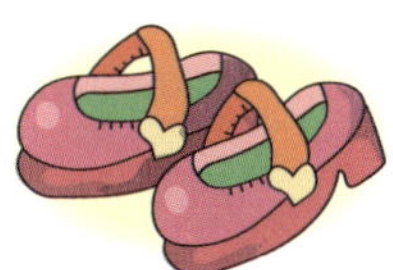

**pair** 페어르
한 쌍[켤레, 벌]

**piggy bank** 피기 뱅크
돼지저금통

**paw** 퍼－
(발톱이 있는 동물의) 발

**pilot** 파일렅
(비행기) 조종사

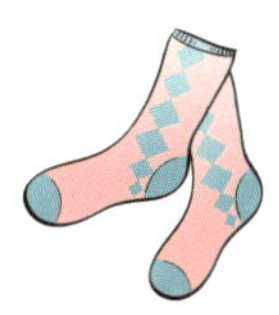 연습문제

① 다음 발음의 철자를 맞게 고쳐 쓰세요.

페어르    pria    ◻ a i

| p | p | a | i | r |   |
|---|---|---|---|---|---|
| e | i | a | m | p |   |
| t | r | l | p | a |   |
| c | d | f | o | n |   |
| l | o | c | p | t |   |
| a | w | r | k | s |   |

---

**답** ① pair

② 
| p | p | a | i | r |
|---|---|---|---|---|
| e | i | a | m | p |
| t | r | l | p | a |
| c | d | f | o | n |
| l | o | c | p | t |
| a | w | r | k | s |

48

# 13 q

## q ▸ ㅋ

q는 거의 **u**와 함께 붙어 **qu**의 모양을 하고 있어서, 우리말의 **쿠**와 같이 발음합니다.

---

 **엄마**의 **공부방**　q가 들어 있는 단어를 발음해보세요.

**questionnaire** 퀘스쳐네어ㄹ
[kwèstʃənéər]  설문지

**quail** 퀘일
[kweil]  메추라기

**quit smoking** 퀕 스모우킹
[kwít smóukiŋ]  담배를 끊다

**quadruplet** 콰드롸플맅
[kwɑdrʌ́plit]  4개 한 벌, 네 쌍둥이 중 한 명, 4인승 자전거

**quarter** 쿼-ㄹ터ㄹ
[kwɔ́:rtər]  4분의 1, 25센트, 15분

**quotation mark** 코우테이션 마-ㄹ크
[kwoutéiʃən mà:rk]  인용 부호

**quartet(te)** 쿼-ㄹ텥
[kwɔ:rtét]  4중주[창], 4인조

**quarry** 쿼-리
[kwɔ́:ri]  채석장

---

 **표현 익히기**

Let's divide the paper into quarters.  그 종이를 4등분 해보자.

she quit her job in a Korean restaurant.  그녀는 한식당에서의 일을 그만두었다.

 **심화학습문제**

① 다음 발음 표기 중 **q**가 들어가는 단어를 모두 찾고, 답의 철자를 보면서 단어를 읽어보세요.

ⓐ 퀼트　　　ⓑ 아-ㄹ티피셜 뢰인　　　ⓒ 보-ㄹ딩 스쿨　　　ⓓ 블리-취

---

답　① ⓐ [ⓐ quilt 누비이불　ⓑ artificial rain 인공 강우　ⓒ boarding school 기숙 학교　ⓓ bleach 표백제]

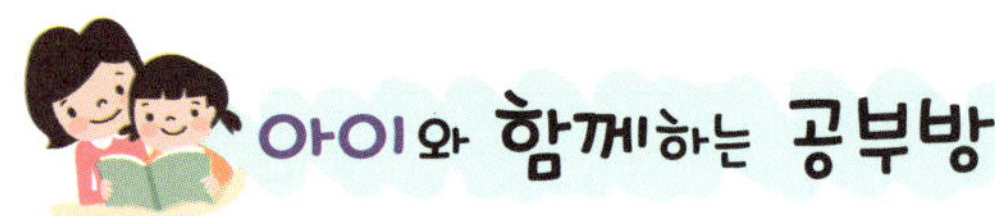

**quiet** 콰이엇

조용한

**quiz** 퀴즈

퀴즈

**question** 퀘스쳔

질문

**quack** 쾍

꽥꽥[오리 울음소리]

**queen** 퀴ㄴ

여왕

**quickly** 퀵클리

빨리, 얼른

① 다음 발음에 해당되는 단어의 철자를 찾아 표시하고, 빈칸에 쓰세요.

퀴ㄴ　　　　콰이엇　　　　퀵클리　　　　퀴즈

q u e e n s q u i e t t q u i c k l y r q u i z

답 ① queen / quiet / quickly / quiz

# r ＞ ㄹ

우리말에는 없는 발음입니다. 차 시동 걸 때 나는 부릉부릉
하는 소리에서 **릉**의 시작 소리와 같은 발음입니다.
l과는 달리, 먼저 입을 동그랗게 모아 **우** 모양을 만든 후 **르**
발음을 하면 예쁜 r 발음이 됩니다.

---

 **엄마의 공부방**  ✍ r이 들어 있는 단어를 발음해보세요.

**reply** 리플**라**이
[riplái] 대답(하다)

**recycling** 리-**싸**이클링
[rìːsáikliŋ] 재활용, 재순환

**real estate** **리**-얼 에스**테**이트
[ríːəl estèit] 부동산

**refrigerator** 리프**리**쥐**뢰**이터ㄹ
[rifrídʒərèitər] 냉장고

**receipt** 리**씨**-트
[risíːt] 영수증

**registration** **뢰**지스트**뢰**이션
[rèdʒistréiʃən] 등록, 기재, (우편물의) 등기

**recipe** **뢰**써피
[résəpi] 요리법

**repellent** 리**펠**런트
[ripélənt] 방충제

---

 **표현 익히기**

## Would you fill out this registration form?

이 등록 양식을 작성해 주시겠어요?

---

 **심화학습문제**

① 다음 발음 표기 중 r이 들어가는 단어를 모두 찾고, 답의 철자를 보면서 단어를 읽어보세요.

ⓐ 리**타**이어ㄹ먼**트**　　　ⓑ 뤄우**테**이션　　　ⓒ **퍼**쓰　　　ⓓ **지**-니어쓰

---

답 ① ⓐ, ⓑ [ⓐ retirement 퇴직 ⓑ rotation 회전, 교대 ⓒ fuss 안달복달 ⓓ genius 천재]

**radio** 뢰디오우

라디오

**robot** 뤄우봍

로봇

**run** 뤈

달리다, 달리기

**row** 뤄우

(늘어선) 줄, (극장 등의) 좌석 줄

**right** 롸이트

오른쪽

**rinse** 륀쓰

씻다, 헹구다

**read** 뤼-드

읽다

**ride** 롸이드

(탈것에) 타다

① 다음 발음에 해당되는 단어의 철자를 찾아 표시하고, 빈칸에 쓰세요.

라이드　　　라이트　　　뢰디오우　　　뤄우봍　　　리ー드

b t r i d e p c l r i g h t u m f r a d i o s v r o b o t a n g r e a d

② ①번 문제에 해당하는 단어들을 다음 퍼즐에서 찾아 표시하세요.

답 ① ride / right / radio / robot / read

② 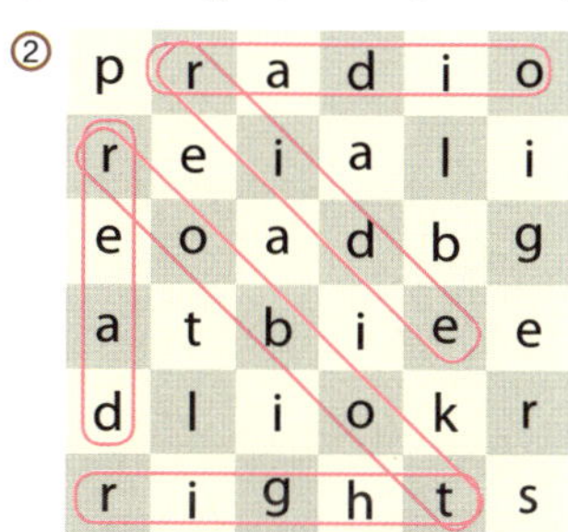

**15**

# S ＞ ㅅ / ㅆ

알파벳 이름 **에쓰**에서 **에**를 빼고 뒤의 **스**나 **쓰**만 발음합니다.

---

**엄마**의 **공부방**  　S가 들어 있는 단어를 발음해보세요.

**scratch** 스크래추
[skrætʃ] 긁다, 할퀴다

**script** 스크립트
[skript] (영화 등의) 대본

**scar** 스카-ㄹ
[skɑːr] 흉터

**severance pay** 쎄버뤈쓰 페이
[sévərəns pèi] 퇴직금, 해직 수당

**scold** 스코울드
[skould] 꾸짖다

**sewage** 쑤-이쥐
[súːidʒ] 하수, 오물

**scribble** 스크리블
[skríbl] 낙서하다, 휘갈겨 쓰다

**sibling** 씨블링
[síbliŋ] 형제, 자매

---

**표현 익히기**

**Scratch** my back. It's itching.　등 좀 긁어줘. 가려워.

My mom **scolded** me yesterday because I fought with my brother.
어제 형과 싸웠다고 엄마가 꾸짖으셨다.

---

**심화학습문제**

① 다음 발음 표기 중 **S**가 들어가는 단어를 모두 찾고, 답의 철자를 보면서 단어를 읽어보세요.

ⓐ 퍼-ㄹ쓰낼러티　　　ⓑ 오우비-써티　　　ⓒ 니글렉트　　　ⓓ 러-ㄴ추

---

답　① ⓐ, ⓑ [ⓐ personality 성격　ⓑ obesity 비만　ⓒ neglect 무시하다　ⓓ launch 배를 진수시키다, 로켓을 발사하다]

## 아이와 함께하는 공부방

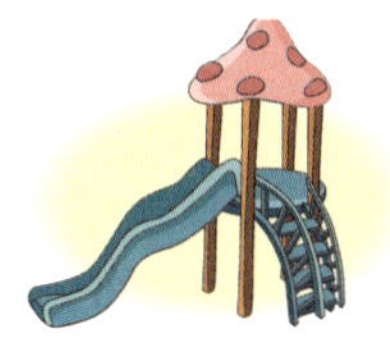

**slide** 슬라이드
미끄러지다, 미끄럼틀

**swing** 스윙
흔들다, 그네

**salt** 쏠-트
소금

**sugar** 슈거ㄹ
설탕

**sweet** 스위 트
달콤한

**spaceship**
스페이쓰쉽  우주선

**seed** 씨-드
씨앗

**sheep** 쉬-프
양

### 연습문제

① 다음 발음에 해당되는 단어의 철자를 찾아 표시하고, 빈칸에 쓰세요.

| 슬라이드 | 스윙 | 슈거ㄹ | 씨-드 | 쉬-프 |

showslidekteswingplaysugareseedmusheepd

 다음 발음의 단어를 퍼즐에서 찾아 표시하세요.

---

답  ① slide / swing / sugar / seed / sheep

② 

# 16

## t ▸ ㅌ

우리말의 **ㅌ**와 같은 발음입니다.

---

 **엄마**의 **공부방**　　t가 들어 있는 단어를 발음해보세요.

**tease** 티-즈
[ti:z] 놀리다

**telescope** 텔러스코웊
[téliskòup] 망원경

**tiptoe** 팊토우
[típtòu] 발끝(으로 걷다)

**tongue** 텅
[tʌŋ] 혀, 언어

**tear** 티어ㄹ
[tiər] 눈물

**temperature** 템퍼뤄춰ㄹ
[témpərətʃər] 온도, 체온

**tug of war** 터거브워-ㄹ
[tʌ́gʌvwɔ́:r] 줄다리기

**terrible** 테뤄블
[térəbl] 끔찍한

---

 **표현 익히기**

**They teased me about my new hairdo.**
그들이 나의 새로운 머리 모양을 놀렸다.

 **심화학습문제**

① 다음 발음 표기 중 **t**가 들어가는 단어를 모두 찾고, 답의 철자를 보면서 단어를 읽어보세요.

ⓐ 투-ㅁ　　　　ⓑ 트랜스크맆트　　　　ⓒ 밀리언　　　　ⓓ 빌리언

---

답　① ⓐ, ⓑ [ⓐ tomb 무덤　ⓑ transcript 성적증명서　ⓒ million 백만　ⓓ billion 10억]

**tiger** 타이거ᄅ

호랑이

**teeth** 티-쓰

치아

**tail** 테일

꼬리

**tear** 티어ᄅ

눈물

**table** 테이블

식탁

**time** 타임

시간

**tunnel** 터늘

터널

**toy** 토이

장난감

 **연습문제**

**①** 다음 발음의 철자를 맞게 고쳐 쓰세요.

ⓐ 

**테**이블

belta

☐ a ☐ ☐ e

ⓑ **타**이거ㄹ

teigr

☐ i ☐ e ☐

**②** 다음 발음에 해당되는 단어의 철자를 찾아 표시하고, 빈칸에 쓰세요.

**타**임     **터**늘     **티**어ㄹ     **티**-쓰     **테**일

s u t i m e t r u t u n n e l m r k t e a r h o t e e t h c t a i l

☐     ☐     ☐     ☐     ☐

---

**답**  ① ⓐ table  ⓑ tiger
② time / tunnel / tear / teeth / tail

# 17 V

## V ▶ ㅂ

우리말에는 없는 발음으로, **ㅂ** 소리를 냅니다.
그러나 **b**의 발음처럼 위아래 입술을 마주치는 것이 아니라,
윗니로 아랫입술 안쪽을 살짝 물었다가 떼면서 부드럽게 **ㅂ**
소리를 내야 합니다.

 **엄마**의 **공부방**　　V가 들어 있는 단어를 발음해보세요.

**vacuum cleaner** 배큠 클리-너ㄹ
[vǽkjuəm klì:nər] 진공청소기

**volunteer** 발런티어ㄹ
[vàləntíər] 지원자, 지원하다

**vaccination** 백써네이션
[vǽksənéiʃən] 예방 접종

**vote** 보웉
[vóut] 투표(하다)

**vegetarian** 베쥐테리언
[vèdʒitéəriən] 채식주의자

**vehicle** 비-이클
[ví:ikl] 탈것, 운송수단

**vinegar** 비니거ㄹ
[vínigər] 식초

**vacant** 베이컨트
[véikənt] 비어 있는

 **표현 익히기**

I **volunteered** to be his tutor.　나는 그의 가정교사를 자원했다.

There are some **vacant** seats.　빈 좌석이 몇 개 있습니다.

 **심화학습문제**

① 다음 발음 표기 중 **V**가 들어가는 단어를 모두 찾고, 답의 철자를 보면서 단어를 읽어보세요.

ⓐ 액터ㄹ　　　　ⓑ 빅터뤼　　　　ⓒ 먼쓰　　　　ⓓ 모터ㄹ싸이클

답　① ⓑ [ⓐ actor 남자 배우　ⓑ victory 승리　ⓒ month 달, 1개월　ⓓ motorcycle 오토바이]

**vase** 베이쓰

꽃병

**vest** 베스트

조끼

**violin** 바이얼린

바이올린

**vine** 바인

덩굴식물, 포도나무

**voice** 보이쓰

목소리

**vet** 벹

수의사

**volleyball** 발리볼–

배구

**valley** 밸리

계곡

① 다음 발음의 철자를 맞게 고쳐 쓰세요.

ⓐ  바이얼**린**

vloiin

□ i o i □

ⓑ  **보**이쓰

ovice

□ o i □ e

② 다음 발음에 해당되는 단어의 철자를 찾아 표시하고, 빈칸에 쓰세요.

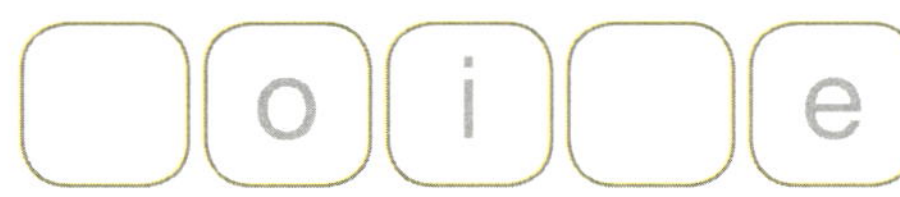


b a v a s e c e v i n e k l m v e s t u r p e t v e t

---

답  ① ⓐ voice  ⓑ violin
② vase / vine / vest / vet

1-18

18 W

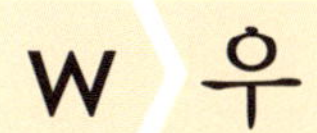

w 우

우리말의 **우**와 같은 발음입니다.

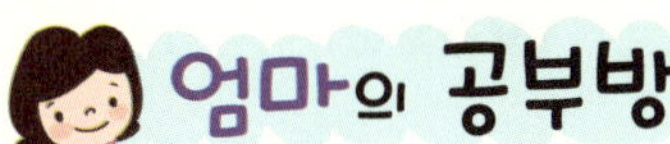

## 엄마의 공부방

**w**가 들어 있는 단어를 발음해보세요.

**wiper** 와이퍼ㄹ
[wáipər] (자동차 창문의) 와이퍼

**weak** 위-ㅋ
[wi:k] 약한

**warm-hearted** 워-ㄹㅁ하-ㄹ티드
[wɔ́:rmhá:rtid] 마음이 따뜻한

**wastebasket** 웨이스트배스킽
[wéistbæ̀skit] 휴지통

**wealth** 웰쓰
[welθ] 부, 재산, 부유함

**worn-out** 워-ㄹ나웉
[wɔ́:rnáut] 닳아 해진, 기진맥진한

**worried** 워-뤼드
[wə́:rid] 걱정하는, 난처한

**waist** 웨이스트
[weist] 허리

## 표현 익히기

My shoes are worn-out. 내 신발이 다 닳았다.

They are a family of great wealth. 그들은 대부호의 집안이다.

## 심화학습문제

① 다음 발음 표기 중 **w**가 들어가는 단어를 모두 찾고, 답의 철자를 보면서 단어를 읽어보세요.

ⓐ 웨스트 ⓑ 위-드 ⓒ 아ㄹ-티클 ⓓ 우드

답 ① ⓐ, ⓑ, ⓓ [ⓐ west 서쪽 ⓑ weed 잡초 ⓒ article 글, 기사 ⓓ wood 나무, 목재]

**winter** 윈터ㄹ
겨울

**wind** 윈ㄷ
바람

**wave** 웨이브
파도

**wolf** 울ㅍ
늑대

**worm** 워-ㄹㅁ
벌레, 꿈틀거리며 나아가다

**walk** 워-ㅋ
걷다

**watermelon** 워-ㄹ터멜런
수박

**weather** 웨더ㄹ
날씨

**1** 다음 발음의 철자를 맞게 고쳐 쓰세요.

ⓐ 워-ㄹㅁ

owmr

☐ ☐o☐ ☐

ⓑ 윈터ㄹ

wtrine

☐ ☐i☐ ☐ ☐e☐

**2** 다음 발음에 해당되는 단어의 철자를 찾아 표시하고, 빈칸에 쓰세요.

w i d w o l f h y e e w i n d m n c w a v e x e t e r w i n t e r s

---

답  ① ⓐ worm  ⓑ winter
② wolf / wind / wave / winter

**19**

# X

## X ▶ ㅋ쓰/즈

우리말의 **ㅋ쓰** 혹은 **즈**와 같은 발음입니다.

 **엄마**의 **공부방**  **X**가 들어 있는 단어를 발음해보세요.

**tax** 택쓰
[tæks] 세금

**saxophone** 쌕써포운
[sǽksəfòun] 색소폰

**relax** 릴랙쓰
[rilǽks] 긴장을 풀다

**fix** 픽쓰
[fiks] 고치다, (식사 등을) 준비하다

 **표현 익히기**  한 단어 다른 뜻

I'll fix some sandwiches for you.  널 위해 샌드위치를 좀 만들게.

Please fix my computer.  내 컴퓨터 좀 고쳐 주세요.

 **심화학습문제**

① 다음 발음 표기 중 **X**가 들어가는 단어를 모두 찾고, 답의 철자를 보면서 단어를 읽어보세요.

ⓐ 싸우쓰    ⓑ 씩쓰티ㄴ    ⓒ 탁씩 깨쓰    ⓓ 피춰ㄹ

답  ① ⓑ, ⓒ [ⓐ south 남쪽  ⓑ sixteen 16  ⓒ toxic gas 유독성 가스  ⓓ pitcher (야구) 투수]

**ox** 악쓰

황소

**fox** 팍쓰

여우

**taxi** 택씨

택시

**next** 넥쓰트

다믜[옆]의

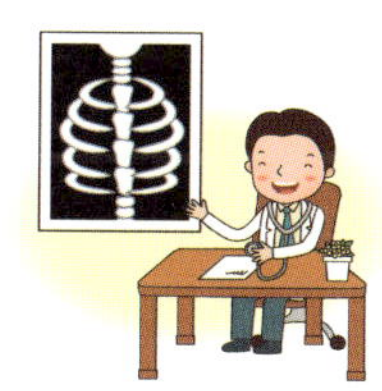

**X-ray** 엑쓰뤠이

엑스선, 뢴트겐 사진

**mix** 믹쓰

섞다

**exercise** 엑써ㄹ싸이즈

운동, 연습

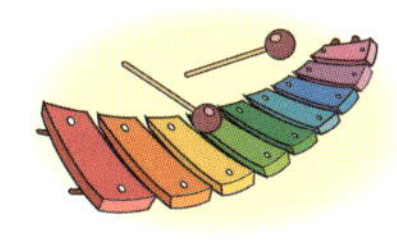

**xylophone** 자일러포운

실로폰

## 연습문제

① 다음 발음의 철자를 맞게 고쳐 쓰세요.

ⓐ 택씨    xtai    [ ] [a] [ ] [i]

ⓑ 넥쓰트    xnet    [ ] [e] [ ] [ ]

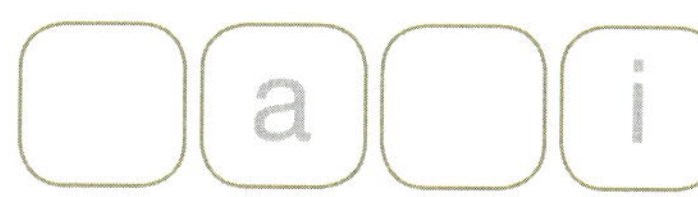

② 다음 발음에 해당되는 단어의 철자를 찾아 표시하고, 빈칸에 쓰세요.

팍쓰     넥쓰트     악쓰     믹쓰

---

참고하세요!

### 첫소리일 때와 끝소리일 때 달라지는 x의 발음

x는 첫소리일 때와 끝소리일 때 다르게 소리 납니다.

① fox처럼 끝소리일 경우, 앞글자의 받침에서 **ㅋ** 소리가 나고 다음에 **쓰** 소리가 나므로 **팍쓰**로 읽습니다.

② xerox처럼 첫소리로 나올 경우에는 **즈** 소리가 나므로 **제록스**로 읽습니다.

| 알파벳 | 알파벳 이름 | 소리 | 발음 요령 | 단어의 예 | 단어의 발음 |
|---|---|---|---|---|---|
| X | 엑스 | ㅋ쓰 | 끝소리인 경우가 많고, **ㅋ쓰**로 발음합니다. | taxi | 택씨 |
| | | 즈 | 첫소리일 경우, xylitol(자일리톨)껌처럼 **즈**로 소리 납니다. | xylophone | 자일러포운 |

---

답 ① ⓐ taxi ⓑ next
② fox / next / ox / mix

# 20

## y 〉이/아이

우리말의 **이** 혹은 **아이**와 같은 발음입니다.

---

 **엄마의 공부방**  y가 들어 있는 단어를 발음해보세요.

**yawn** 여-ㄴ
[jɔ:n] 하품하다

**yeast** 이-스트
[ji:st] 이스트, 효모, 누룩

**yoghurt** 요우거ㄹ트
[jóugərt] 요구르트

**yell** 옐
[jel] 소리치다

**yucky** 야키
[jʌ́ki] 몹시 싫은, 역겨운

**yacht** 야트
[jɑt] 요트

---

 **표현 익히기**

I don't want to eat the yucky dish.
난 정말 저 맛없는 요리 먹고 싶지 않아요.

 **심화학습문제**

① 다음 발음 표기 중 **y**가 들어가는 단어를 모두 찾고, 답의 철자를 보면서 단어를 읽어보세요.

ⓐ 오이스터ㄹ　　　　ⓑ 어노이　　　　ⓒ 써이 써-쓰　　　　ⓓ 쥴라이

---

답　① ⓐ, ⓑ, ⓒ, ⓓ [ⓐ oyster (먹는) 굴　ⓑ annoy 짜증나게[화나게] 하다　ⓒ soy sauce 간장　ⓓ July 7월]

**yellow** 옐로우

노란색

**yarn** 야-ㄹㄴ

(털)실

**yard** 야-ㄹㄷ

마당, 운동장

**candy** 캔디

사탕

**day** 데이

낮, 하루

**fly** 플라이

날다

**cry** 크롸이

울다

**dry** 드롸이

마른, 건조한

연습문제

① 다음 발음의 철자를 맞게 고쳐 쓰세요.

ⓐ  캔디　　aycnd　　☐ a ☐ ☐

ⓑ  옐로우　　llyoew　　☐ e ☐ ☐ o w

② 다음 발음의 단어를 퍼즐에서 찾아 표시하세요.

데이    야–ㄹㄴ    야–ㄹㄷ
플라이    크롸이    드롸이

 참고하세요!

### 다양한 y의 발음

y는 모음의 **이** 혹은 **아이** 소리를 가졌습니다. 우리말에는 모음 두 개가 합성된 독립 글자가 있지만(**예** 이+애→애), 영어에는 그런 글자가 없으므로 만들어 주어야 합니다. 이때 사용되는 글자가 바로 **반모음**이라고 불리우는 w와 y입니다.

① win은 w 다음에 i라는 모음이 합쳐져 **윈**이 됩니다.
② yes는 y 다음에 e가 합쳐져 **예스**가 됩니다.

이처럼 영어에서 반모음의 역할은 합성된 모음 소리를 만들어내는 것입니다.

| 알파벳 | 알파벳 이름 | 소리 | 발음 요령 | 단어의 예 | 단어의 발음 |
|---|---|---|---|---|---|
| y | 와이 | y가 첫소리이고 바로 뒤에 모음이 올 때 : **이** | 요오<br>(y+o)=(이+오)=**요** | yo-yo | 요우요우 |
| | | 끝소리 : **이** | 캔디의 끝소리처럼 **이** | candy | 캔디 |
| | | 끝소리 : **아이** | 트라이의 끝소리처럼 **아이** | try | 트롸이 |

답  ① ⓐ candy ⓑ yellow  ②

1-21

# 21 Z

**z ㅈ**

우리말에는 없는 발음으로, 위아래 이를 가볍게 마주 대고 **즈** 하고 발음합니다. 요령은 꿀벌이 날아다닐 때 나는 **즈** 소리를 위아래 이를 가볍게 마주 대고 발음하면 됩니다.

## 엄마의 공부방

**z**가 들어 있는 단어를 발음해보세요.

**(school) zone** (스쿨-) 조운
[skú:l zòun] (학교) 구역, (어린이 보호) 구역

**zebra** 지-브러
[zí:brə] 얼룩말

**zip code** 짚 코우드
[zíp kòud] 우편 번호

**zero** 지로우
[zí(:)rou] 영, 0

**zipper** 지퍼ㄹ
[zípər] 지퍼

**zoo** 주-
[zu:] 동물원

**buzz** 버즈
[bʌz] (벌 등이) 윙윙거리는 소리

**puzzle** 퍼즐
[pʌ́zl] 퍼즐, 수수께끼

## 표현 익히기

Drive 20 mph in a school zone. 학교 부근에서는 시속 20마일로 운전하세요.

I'll give you a buzz. 내가 전화할게.

## 심화학습문제

① 다음 발음 표기 중 **z**가 들어가는 단어를 모두 찾고, 답의 철자를 보면서 단어를 읽어보세요.

ⓐ 스띠키　ⓑ 칸츄리　ⓒ 리저ㄹ드　ⓓ 쟤즈

답 ① ⓒ, ⓓ [ⓐ sticky 끈적거리는 ⓑ country 시골, 나라 ⓒ lizard 도마뱀 ⓓ jazz 재즈]

**zoo** 주-

동물원

**zip code** 짚 코우드

우편 번호

**zipper** 지퍼ㄹ

지퍼

**zero** 지로우

영, 0

**buzz** 비즈

(벌 등이) 윙윙거리는 소리

**zebra** 지-브러

얼룩말

**(school) zone** (스쿨-) 조운

(학교) 구역, (어린이 보호) 구역

**puzzle** 퍼즐

퍼즐, 수수께끼

① 다음 발음의 철자를 맞게 고쳐 쓰세요.

지-브러

rzabe

☐ e ☐ ☐ a

② 다음 발음에 해당되는 단어의 철자를 찾아 표시하고, 빈칸에 쓰세요.

지로우　　　지퍼ㄹ　　　버즈　　　주-　　　퍼즐

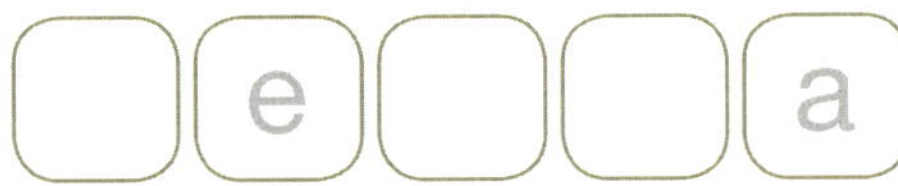


---

답　① zebra
② zero / zipper / buzz / zoo / puzzle

# 다음과 같은 경우 자음 소리가 변합니다!

자음 한 글자는 원래 하나의 소리를 갖습니다. 그러나 모음 e의 영향을 받아 소리가 부드러워지는 경우가 있습니다. 또한 영어 원어민에게는 구분이 되지 않으나 우리에게는 s의 발음이 스와 쓰 두 가지 다른 소리로 들립니다.

## ① 자음이 모음의 영향을 받아 부드러운 소리로 변하는 경우

### a -ce → 쓰

| c + e | … | ㅋ → 쓰 | … | face<br>race | … | 페이쓰<br>뢰이쓰 |

원래 자음 소리
→ 부드러운 소리로 바뀜

원래 c의 발음은 ㅋ이지만, 바로 뒤에 오는 모음 e의 영향을 받아 쓰 발음으로 바뀝니다.

dice 다이쓰 주사위

prince 프륀쓰 왕자

price 프롸이쓰 가격

### b -gi / -ge → ㅈ

| g + i | … | ㄱ → ㅈ | … | giraffe | … | 저래프 |
| g + e | … | ㄱ → ㅈ | … | germ | … | 줘-ㄹㅁ |

원래 g의 발음은 ㄱ이지만, 뒤에 오는 모음 i나 e의 영향을 받아 ㅈ 발음으로 변합니다.

cage 케이쥐 새장    giant 좌이언트 거인

age 에이쥐 나이    genius 쥐-니어스 천재

refrigerator 리프리쥐뤼이터ㄹ 냉장고


## ② 자음 한 개가 두 가지 다른 발음을 갖는 S

**슈퍼맨인지, 쓰퍼맨인지?**

우리말에서는 **스**와 **쓰**가 다르지만, 영어에서는 차이가 없습니다.

영어 원어민들은 Samsung을 우리처럼 **삼성**이 아니라 **쌤썽**으로 발음합니다. 그러나 snake는 우리와 같이 **스네익** 즉 **스**로 발음하고, sea는 **씨이** 즉 **쓰**로 발음해놓고도, 우리에게는 분명히 다른 **ㅅ**와 **ㅆ**의 차이를 본인들은 인식하지 못합니다. 그러나 그 차이는 다음과 같은 발음 규칙이 있기 때문입니다.

$$\boxed{\text{S + 모음 = 쓰}} \quad \cdots \quad \boxed{\text{S + 자음 = ㅅ}}$$

즉 Samsung은 s 다음에 모음인 a와 u가 왔기 때문에 **쓰**로 발음했고, snake는 s 다음에 자음인 n이 왔기 때문에 **스**로 발음한 것입니다. 그러나 우리말에는 엄연히 **ㅅ**와 **ㅆ**의 차이를 표기하는 방법이 있기 때문에, 우리에게는 영어에서 다른 두 가지 소리를 한 글자로 쓰고 있다고 보이는 것입니다.

**tip** Sam을 **쌤**이 아닌 **쌤**으로 발음하는 이유는, 단모음 a는 **애**로 발음된다는 기본 규칙에 따른 것입니다.

**1** 다음 단어의 발음이 ㅅ 인지 ㅆ 인지 구분해서 〈보기〉와 같이 빈칸에 쓰세요.

| 〈보기〉 | sports | ⋯ | ㅅ | ⋯ | 운동 |
|---|---|---|---|---|---|
| ⓐ | send | ⋯ | | ⋯ | 보내다 |
| ⓑ | speak | ⋯ | | ⋯ | 말하다 |
| ⓒ | supermarket | ⋯ | | ⋯ | 슈퍼마켓 |
| ⓓ | snack | ⋯ | | ⋯ | 간식 |
| ⓔ | second | ⋯ | | ⋯ | 두 번째 |

---

**답** ① ⓐ ㅆ(쎈드) ⓑ ㅅ(스피-크) ⓒ ㅆ(쑤-퍼ㄹ마-ㄹ킽) ⓓ ㅅ(스낵) ⓔ ㅆ(쎄컨드)

Let's
study!!

# 단모음 파닉스

1 a    2 e    3 i    4 o    5 u

# a

## a ▶ 애

우리말의 **애**와 같은 발음입니다. **e**의 발음보다 입을 약간 크게 벌리고 조금 길게 발음합니다.

---

 **엄마의 공부방**　　a가 들어 있는 단어를 발음해보세요.

**adult** 애덜트
[ǽdʌlt] 어른

**address** 애드뤠쓰
[ǽdres] 주소

**animation** 애너메이션
[ænəméiʃən] 만화 영화

**air force** 에어ㄹ 포-ㄹ쓰
[ɛ́ər fɔ̀ːrs] 공군

**Asia** 에이셔
[éiʃə] 아시아 (대륙)

**athlete** 애쓸리-트
[ǽθliːt] (운동) 선수

**asphalt** 애스펄트
[ǽsfɔːlt] 아스팔트

**ash** 애쉬
[æʃ] 재

---

 **표현 익히기**

**This book will appeal to young adults.** 이 책은 청소년들의 관심을 끌 것입니다.

**He is a great athlete.** 그는 훌륭한 운동 선수이다.

---

 **심화학습문제**

① 다음 발음 표기 중 단모음 a가 들어가는 단어를 모두 찾고, 답의 철자를 보면서 단어를 읽어보세요.

ⓐ 캐취　　　　ⓑ 취-트　　　　ⓒ 위그　　　　ⓓ 배기쥐

---

**답** ① ⓐ, ⓓ [ⓐ catch 잡다, 잡기　ⓑ cheat 속이다, (시험에서) 커닝하다　ⓒ wig 가발　ⓓ baggage (여행용) 수하물]

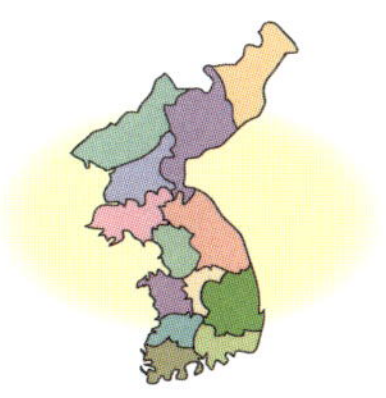

**map** 맵

지도

**nap** 냅

낮잠

**lap** 랩

무릎

**tag** 테그

꼬리표, 가격표

**angry** 앵그리

화난, 성난

**alligator** 앨리게이디ㄹ

악어

**apple** 애플

사과

**arrow** 애뤄우

화살

① 다음 발음의 철자를 맞게 고쳐 쓰세요.

ⓐ 앵그리

arngy

〔 〕〔n〕〔 〕〔 〕〔 〕

ⓑ 애뤄우

waror

〔 〕〔 〕〔 〕〔o〕〔w〕

② 다음 발음에 해당되는 단어의 철자를 찾아 표시하고, 빈칸에 쓰세요.

---

답 ① ⓐ angry  ⓑ arrow
② map / nap / lap / tag / apple

 2-02

## e 〉에

우리말의 **에**와 같은 발음입니다. 입을 옆으로 납작하게 하여 **a**를 발음할 때보다 약간 짧게 발음합니다.

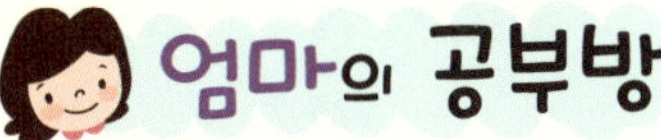 **엄마**의 **공부방**   **e**가 들어 있는 단어를 발음해보세요.

**envelope** 엔벌롶
[énvəlòup] 봉투

**entertainer** 엔터ㄹ테이너ㄹ
[èntərtéinər] 연예인

**elder** 엘더ㄹ
[éldər] 연장자, 노인

**entrance** 엔트뤈쓰
[éntrəns] 입구, 들어가기

**exit** 엑씨트
[éksit] 출구, 나가기

**edge** 에쥐
[édʒ] 모서리, (칼 등의) 날

**expert** 엑쓰퍼-ㄹ트
[ékspəːrt] 전문가

**engineer** 엔지니어ㄹ
[èndʒiníər] 기사, 기술자

 표현 익히기

He is a popular TV entertainer.  그는 인기있는 TV 연예인이다.

She slipped out by the rear exit.  그녀는 뒤쪽 출구로 살짝 빠져나갔다.

 심화학습문제

① 다음 발음 표기 중 단모음 **e**가 들어가는 단어를 모두 찾고, 답의 철자를 보면서 단어를 읽어보세요.

ⓐ 월-          ⓑ 웰          ⓒ 벨          ⓓ 볼-

**답**  ① ⓑ, ⓒ [ⓐ wall 벽, 담  ⓑ well 우물  ⓒ bell 종, 방울  ⓓ ball 공]

**egg** 에그

달걀, 알

**eight** 에잍

여덟, 8

**elbow** 엘보우

팔꿈치

**echo** 에코우

메아리

**elephant** 엘러펀트

코끼리

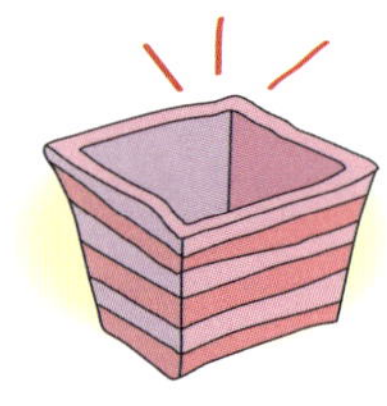

**empty** 엠티

텅 빈

**end** 엔드

끝

**elementary school** 엘러멘터뤼 스쿨-

초등학교

① 다음 발음의 철자를 맞게 고쳐 쓰세요.

ⓐ 엘보우　lebwo

　　　　　　　o　w

ⓑ 엘러펀트　leehptna

　　　e　p　h　a

② 다음 발음에 해당되는 단어의 철자를 찾아 표시하고, 빈칸에 쓰세요.

에그　　　에코우　　　엔드　　　엠티　　　에잍

a g e g g a k o e c h o n d e n d a t e m p t y e i t e i g h t

--------

답　① ⓐ elbow　ⓑ elephant
　　② egg / echo / end / empty / eight

# i 〉이

우리말의 **이**와 같은 발음으로, 짧게 발음합니다.

---

 **엄마**의 **공부방**　　i가 들어 있는 단어를 발음해보세요.

**itch** 이취
[itʃ] 가려움, 가렵다

**immigration** 이미그뤠이션
[ìmigréiʃən] 이민

**infant** 인펀트
[ínfənt] 갓난아기, 유아

**injury** 인저뤼
[índʒəri] 부상

**insomnia** 인쌈니어
[insámniə] 불면(증)

**injection** 인젝션
[indʒékʃən] 주사

**insert** 인써-ㄹ트
[insə́:rt] 끼워 넣다

**intestine** 인테스틴
[intéstin] (몸 속의) 장기, 창자

---

 표현 익히기

Insert coins into the slot.
구멍에 동전을 넣으세요.

---

 심화학습문제

① 다음 발음 표기 중 단모음 i가 들어가는 단어를 모두 찾고, 답의 철자를 보면서 단어를 읽어보세요.

ⓐ 미뤄클　　　　　　ⓑ 템플　　　　　　ⓒ 미쓰　　　　　　ⓓ 핕

---

**답** ① ⓐ, ⓒ, ⓓ [ⓐ miracle 기적 ⓑ temple 신전, 절 ⓒ miss 그리워하다, 놓치다 ⓓ fit 적당한, 알맞은]

**kid** 키드

어린이

**pig** 피그

돼지

**fish** 피수

물고기

**pin** 핀

(머리)핀

**sit** 씨트

앉다

**lips** 맆쓰

입술

**six** 씩쓰

여섯, 6

**mix** 믹쓰

섞다

연습문제

① 다음 발음에 해당되는 단어의 철자를 찾아 표시하고, 빈칸에 쓰세요.

| 피수 | 씨트 | 키드 | 씩쓰 | 믹쓰 | 맆쓰 |
|---|---|---|---|---|---|

pithfishmitsitqidkidcixsixmismixalipst

피쉬
씨트
키드
씩쓰
믹쓰
립쓰
b o k c i t
l a f i s h
m i x s i d
n u p i x s
k i d s u i
e a e o d t

----

# 4 O

## O 〉 아

우리말의 **아**와 같은 발음으로, 짧게 발음합니다.

---

**엄마의 공부방**  **O**가 들어 있는 단어를 발음해보세요.

**odd** 아-ㄷ
[a:d] 홀수의, 이상한

**omnibus** 암니버쓰
[ámnibÀs] 합승 버스, (한 작가의) 작품집

**occupation** 아큐페이션
[àkjupéiʃən] 직업, 일

**opposite (direction)** 아퍼짙 (디뤽션)
[ápəzit (dirékʃən)] 반대 (방향)

**omelet** 아멀릳
[áməlit] 오믈렛

**oxygen** 악씨줸
[áksidʒən] 산소

**opera** 아퍼뤄
[ápərə] 오페라, 가극

**obstacle race** 압스터클 뢰이쓰
[ábstəkl rèis] 장애물 경주

---

 **표현 익히기**

1, 3, 5 and 7 are odd numbers. 1, 3, 5, 7은 홀수다.

It's odd I can't think of my own address. 내 주소가 생각나지 않다니 이상해.

---

 **심화학습문제**

① 다음 발음 표기 중 단모음 **O**가 들어가는 단어를 모두 찾고, 답의 철자를 보면서 단어를 읽어보세요.

ⓐ 탁씩　　　ⓑ 앞티미즘　　　ⓒ 앞션　　　ⓓ 어-ㄹ쓰퀘익

---

**답** ① ⓐ, ⓑ, ⓒ [ⓐ toxic 유독한, 독성의　ⓑ optimism 낙관주의　ⓒ option 옵션, 선택　ⓓ earthquake 지진]

**orange** 오뤼주
오렌지

**box** 박쓰
상자

**ouch** 아우추
아야!

**fox** 팍쓰
여우

**ox** 악쓰
황소

**socks** 싹쓰
양말

**octopus** 악터퍼쓰
문어

**October** 악토우버ㄹ
10월

 **연습문제**

① 다음 발음의 철자를 맞게 고쳐 쓰세요.

악터퍼쓰    ooucstp

| | | | o | | u | |
|---|---|---|---|---|---|---|

② 다음 발음에 해당되는 단어의 철자를 찾아 표시하고, 빈칸에 쓰세요.

uorangepxfoxsboxsoksocks toctopusax

답  ① octopus   ② orange / fox / box / socks / octopus

# 5 · u

## u > 어

우리말의 **어**와 같은 발음으로, 짧게 발음합니다.

---

 **엄마**의 **공부방**   🔊 **u**가 들어 있는 단어를 발음해보세요.

**upset** 엎셑
[ʌpsét] 뒤엎다, 당황하게 하다

**uptown** 엎타운
[ʌ́ptàun] 주택 지구의, 부유층 지역의

**upside-down** 엎싸이드다운
[ʌ́psàiddáun] 거꾸로 된, 혼란된

**underwear** 언더ㄹ웨어ㄹ
[ʌ́ndərwèər] 속옷

**upstairs** 엎스테어ㄹ즈
[ʌ́pstéərz] 위층, 2층

**upset stomach** 엎셑 스터멐
[ʌpsèt stʌ́mək] 소화 불량, 배탈

**update** 엎데이트
[ʌ̀pdéit] 새롭게 함, 갱신

**unpack** 언팩
[ʌnpǽk] 물건을 꺼내다, 짐을 내리다

---

 **표현 익히기**

I was **upset** by your bad behavior.
난 너의 좋지 않은 행동에 당황했었단다.

 **심화학습문제**

① 다음 발음 표기 중 단모음 **u**가 들어가는 단어를 모두 찾고, 답의 철자를 보면서 단어를 읽어보세요.

ⓐ 랄리팦   ⓑ 버ㄹ닝   ⓒ 써포-ㄹ터ㄹ   ⓓ 퍼블릭 스쿨-

---

답 ① ⓑ, ⓒ, ⓓ [ⓐ lollipop 막대사탕 ⓑ burning 불타는 ⓒ supporter 지지자, 후원자 ⓓ public school 공립학교]

**tub** 터브

욕조

**mud** 머드

진흙

**turtle** 터-ㄹ틀

거북이

**cub** 커브

(여우·곰 등의 짐승) 새끼

**umbrella** 엄블렐리

우산

**up** 엎

위로

**belly button** 벨리 버튼

배꼽

**under** 언더ㄹ

아래에

**①** 다음 발음의 철자를 맞게 고쳐 쓰세요.

ⓐ    터ᄇ     btu     ☐☐☐

ⓑ    언더ᄅ     eudnr     ☐☐☐ e ☐

**②** 다음 발음에 해당되는 단어의 철자를 찾아 표시하고, 빈칸에 쓰세요.

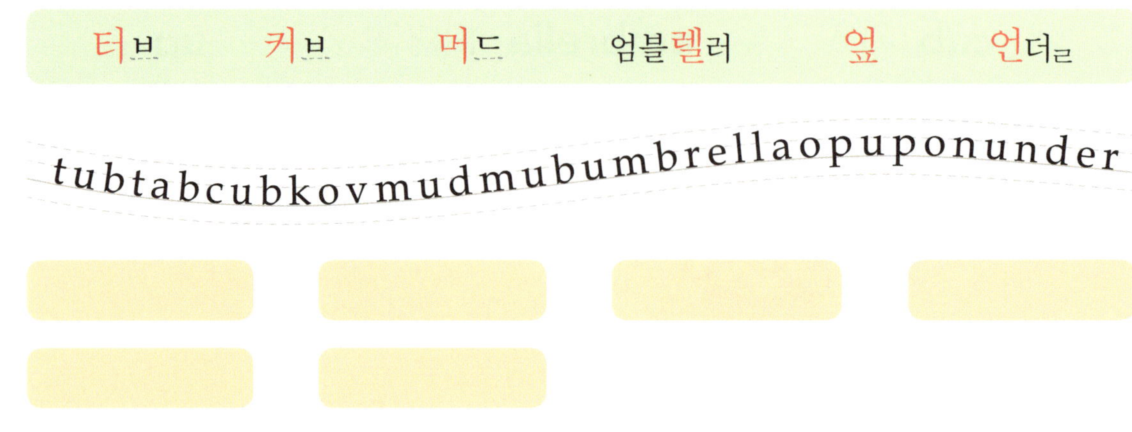

| 터ᄇ | 커ᄇ | 머ᄃ | 엄블렐러 | 엎 | 언더ᄅ |

*tubtabcubkovmudmubumbrellaopuponunder*

| | | | |
|---|---|---|---|
| | | | |

---

답    ① ⓐ tub   ⓑ under    ② tub / cub / mud / umbrella / up / under

# a의 다양한 발음!

파닉스 단모음에서 배운 a의 발음은 **애**입니다. 그러나 아래 예에서 보듯 a는 다양한 발음을 가지고 있습니다. 이렇게 다양한 발음들을 처음부터 막연하게 외우기보다는, 기준이 되는 단모음 발음 **애**를 확실하게 익힌 후 변화되는 발음을 기억하는 것이 효과적일 것입니다.

## ① 같은 발음을 가진 단어들

| 단어 | a의 발음 | 같은 발음을 가진 단어들 |
|---|---|---|
| **father** 파-더ㄹ | 아 | **part** 파-ㄹ트 부분<br>**artist** 아-ㄹ티스트 예술가<br>**far** 파-ㄹ 멀리 |
| **water** 워-터ㄹ | 어 | **about** 어바우트 ~에 대해<br>**allow** 얼라우 허용하다<br>**above** 어바브 ~위에<br>**adult** 애덜트 성인, 어른 |
| **ant** 앤트 | 애 | **add** 애드 더하다, 보태다<br>**antenna** 앤테너 안테나, (곤충의) 더듬이<br>**atomic bomb** 애토믹 밤 원자폭탄 |

※ **banana**는 **버내너**로 발음합니다. 한 단어 안에 a의 발음이 **애**와 **어**의 두 가지가 들어 있습니다.

아이들은 보통 **a**는 **애**로 소리 내는 것에 익숙해져서 want(원트)를 went(웬트)와 혼동하기도 합니다.
-all과 -ell이 들어간 단어를 통해 비교해봅니다.

| -all(얼) : a 발음을 약간 길게 | -ell(엘) : e 발음을 짧게 |
| --- | --- |
| tall  call<br>wall  fall  ball | tell  well  fell<br>bell  cell (쎌 : 세포) |

## 연습문제

① 다음 단어의 발음을 빈칸에 쓰세요.

| ⓐ | tall | … |  | … | 키가 큰 |
| --- | --- | --- | --- | --- | --- |
| ⓑ | tell | … |  | … | 말하다 |
| ⓒ | wall | … |  | … | 벽, 담 |
| ⓓ | well | … |  | … | 좋게, 잘 |
| ⓔ | ball | … |  | … | 공 |
| ⓕ | bell | … |  | … | 종 |

답 ① ⓐ 털- ⓑ 텔 ⓒ 월- ⓓ 웰 ⓔ 벌- ⓕ 벨

# 장모음 파닉스

1 a-e　　2 i-e　　3 o-e　　4 u-e

# 1  a-e

## a-e 〉에이

우리말의 **에이**로 발음하고, 끝의 **e**는 발음하지 않습니다.

---

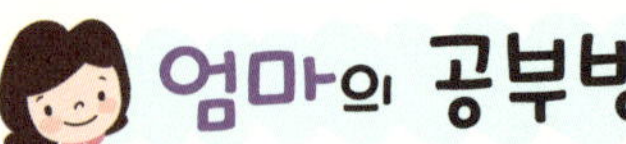

**엄마의 공부방**  a-e가 들어 있는 단어를 발음해보세요.

**ache** 에이크
[éik] 아픔

**brace** 브뢰이쓰
[bréis] 걸쇠, 버팀대, 치열 교정기

**pale** 페일
[péil] (얼굴이) 창백한, 파리한

**male** 메일
[méil] 남자, 수컷

**sale** 쎄일
[séil] 판매

**grade** 그뢰이드
[gréid] 등급, 학년, 성적

**blame** 블레임
[bléim] (남을) 탓하다, 비난하다, 나무라다

**lane** 레인
[léin] (도로) 차선, (경주) 코스, 통로

---

### 표현 익히기

Please don't blame me for this matter.  이 일로 절 비난하지 마세요.

### 심화학습문제

① 다음 단어를 읽어보세요.

ⓐ backache　　　ⓑ mate　　　ⓒ cane

ⓓ tale　　　ⓔ fake money　　　ⓕ fame

---

**답**　① ⓐ 백에이크 (요통)　ⓑ 메이트 (친구)　ⓒ 케인 (지팡이)　ⓓ 테일 (이야기)　ⓔ 페이크 머니 (위조 지폐)
ⓕ 페임 (명성, 잘 알려짐)

 아이와 함께하는 공부방

**cane** 케인

지팡이

**date** 데이트

날짜

**face** 페이쓰

얼굴

**taste** 테이스트

맛

**gate** 게이드

대문

**ape** 에잎

유인원

**cake** 케잌

케이크

**name** 네임

이름

🌰 연습문제

① 다음 발음에 해당되는 단어의 철자를 찾아 표시하고, 빈칸에 쓰세요.

| 페이쓰 | 케인 | 테일 | 네임 | 데이트 | 에잎 | 테이스트 |

sfacekcaneltalesnamebdatemoapeiptaste

| | | | | | | |
|---|---|---|---|---|---|---|
| t | a | p | g | a | t | e |
| a | f | t | a | i | l | n |
| s | a | c | a | n | n | a |
| t | c | a | n | e | a | m |
| e | e | t | e | l | m | e |
| t | e | s | d | a | t | e |

답  ① face / cane / tale / name / date / ape / taste

②

| | | | | | | |
|---|---|---|---|---|---|---|
| t | a | p | g | a | t | e |
| a | f | t | a | l | e | n |
| s | a | c | a | n | n | a |
| t | c | a | n | e | a | m |
| e | e | t | e | l | m | e |
| t | e | s | d | a | t | e |

# 2 i-e

## i-e 〉 아이

우리말의 **아이**로 발음하고, 끝의 **e**는 발음하지 않습니다.

 **엄마**의 **공부방**　i-e가 들어 있는 단어를 발음해보세요.

**file** 파일
[fáil]　서류철, (컴퓨터) 파일

**hike** 하이크
[háik]　도보여행[하이킹]하다

**lie** 라이
[lái]　눕다, 거짓말하다

**mine** 마인
[máin]　광산

**wipe** 와잎
[wáip]　닦다

**ripe** 라잎
[ráip]　(과일 등이) 익은, 준비가 된

**pipeline** 파이프라인
[páiplàin]　(석유, 가스 등의) 수송관

**sidewalk** 싸이드워-크
[sáidwɔ̀:k]　(포장된) 보도, 인도

 표현 익히기

**Please wipe your feet on the mat.**　매트에 발을 닦아 주세요.

 심화학습문제

① 다음 단어를 읽어보세요.

ⓐ idle　　　　ⓑ wideawake　　　　ⓒ tide
ⓓ bride　　　　ⓔ timetable　　　　ⓕ price

---

답　① ⓐ 아이들 (게으른)　ⓑ 와이더웨익 (완전히 잠이 깬)　ⓒ 타이드 (조류, 조수)　ⓓ 브라이드 (신부)
　　ⓔ 타임테이블 (시간표, 계획표)　ⓕ 프라이쓰 (값, 가격)

**pine** 파인
소나무

**bike** 바익
자전거

**hide** 하이드
숨다

**line** 라인
줄, 선

**kite** 카일
연

**bite** 바일
(깨)물다

**tie** 타이
묶다

**fire** 파이어ㄹ
불

 연습문제

① 다음 발음에 해당되는 단어의 철자를 찾아 표시하고, 빈칸에 쓰세요.

파인　　바익　　하이드　　카일　　바일　　파이어ㄹ

p i n e i n b i k e c h i d e m t k i t e s b i t e h p f i r e

| h | b | i | t | e | p | t |
|---|---|---|---|---|---|---|
| k | i | v | i | n | i | y |
| f | b | d | l | n | n | t |
| i | i | i | e | f | e | i |
| r | t | r | k | i | t | e |
| e | l | o | n | e | p | i |

 **참고하세요!**

**pine을 피네라고 읽는 아이들!**

어렸을 때(주로 6, 7세) 파닉스를 배우는 아이들은 종종 단모음에 대한 정보를 장모음에도 적용하는 경우가 있습니다. 예를 들면 pine을 **파인**으로 읽지 못하고 **피네**로 읽는데, 이것은 끝에 있는 e의 존재를 소리로 인식하기 때문입니다.

**tip** ending e를 앞에 있는 모음의 소리를 바꿔 버리고 자기는 소리를 죽이고 있는 마술사라고 가르치면 좀 더 쉽게 적용해냅니다.

**답** ① pine / bike / hide / kite / bite / fire

②

# 3 o-e

## o-e 오우

우리말의 **오우**로 발음하고, 끝의 **e**는 발음하지 않습니다.

---

 **엄마의 공부방**  o-e가 들어 있는 단어를 발음해보세요.

**poke** 포욱
[póuk] 찌르다

**vote** 보욷
[vóut] 투표(하다)

**hope** 호웊
[hóup] 희망(을 품다)

**Pope** 포웊
[póup] 로마 교황

**noble** 노우블
[nóubl] 귀족, 고귀한, 신분이 높은

**notice** 노우티쓰
[nóutis] 주목, 공고, 알림

**robe** 뤄웁
[róub] 가운, 길고 헐거운 겉옷

**stroke** 스트로욱
[stróuk] 일격, 중풍, (수영의) 손발 한 번 놀리기

---

 **표현 익히기**

I poked a hole with my finger.  내 손가락으로 구멍을 냈다.

He had a stroke and can't move very well.  그는 중풍으로 인해 거동이 불편하다.

---

 **심화학습문제**

① 다음 단어를 읽어보세요.

ⓐ **dome**   ⓑ **mole**   ⓒ **broke**   ⓓ **role**   ⓔ **sole**   ⓕ **smoke**

---

**답** ① ⓐ 도움 (돔, 반구형 지붕)  ⓑ 모울 (두더지)  ⓒ 브뤄욱 (빈털터리의)  ⓓ 뤄울 (역할, (배우의) 배역)
ⓔ 쏘울 (발바닥, (신발·양말의) 밑창, 바닥)  ⓕ 스모욱 (연기)

**cone** 코운

원뿔

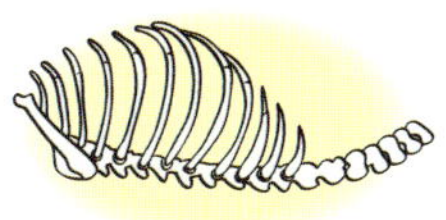

**bone** 보운

뼈

**note** 노우트

기록

**nose** 노우즈

코

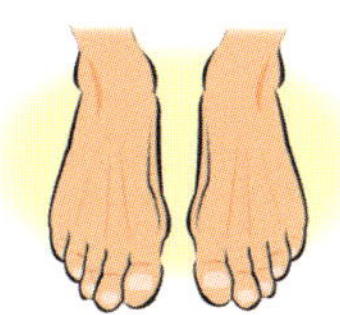

**toe** 토우

발가락

**rose** 뤄우즈

장미

**pole** 포울

막대기, 장대

**stone** 스토운

돌멩이

 연습문제

① 다음 발음의 철자를 맞게 고쳐 쓰세요.

 ⓐ 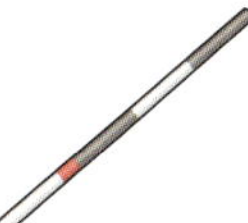　포울　o p e l　

 ⓑ 　스토운　n t s o e　

---

답  ① ⓐ pole  ⓑ stone

②

# 4 u-e

## u-e 〉 우−/유−

우리말의 **우−** 혹은 **유−**로 발음하고, 끝의 **e**는 발음하지 않습니다.

---

 **엄마**의 **공부방**   u-e가 들어 있는 단어를 발음해보세요.

**fuse box** 퓨−즈 박쓰
[fjúːz bàks]  두꺼비집

**cube sugar** 큐−브 슈거ㄹ
[kjúːb ʃùgər]  각설탕

**amuse** 어뮤−즈
[əmjúːz]  즐겁게 하다

**rule** 룰−
[rúːl]  규칙

**fortune** 포−ㄹ춘
[fɔ́ːrtʃən]  운, 재산

**due date** 듀− 데잍
[djúː dèit]  만기일

**rude** 루−드
[rúːd]  무례한, 버릇없는

**refuse** 뤼퓨−즈
[rifjúːz]  거절하다

---

 **표현 익히기**

This bill is due.  이 고지서는 만기가 되었다.

She refused to work with him.  그녀는 그와 일하는 것을 거절했다.

 **심화학습문제**

① 다음 발음 표기 중 장모음 **u-e**가 들어가는 단어를 모두 찾고, 답의 철자를 보면서 단어를 읽어보세요.

ⓐ 듀        ⓑ 퓨어ㄹ 고울드        ⓒ 쑤−        ⓓ 컽

---

답  ① ⓐ, ⓑ, ⓒ [ⓐ due 만기가 된  ⓑ pure gold 순금  ⓒ sue 소송을 제기하다  ⓓ cut 베다, 자르다, 벤 상처]

귀여운

노새

곡조, 멜로디

(치약·물감 등의) 튜브, 관, 통

풀, 접착제

화장지

파란색

단서, 실마리

① 다음 발음의 철자를 맞게 고쳐 쓰세요.

ⓐ  블루-    elbu ☐☐☐☐

ⓑ  큐-트    ucet ☐☐☐☐

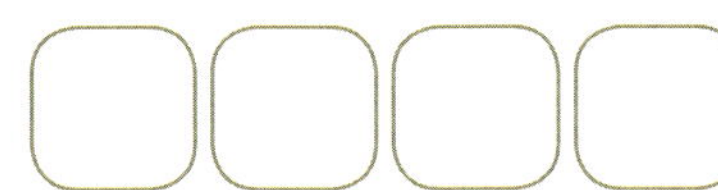

② 다음 발음에 해당되는 단어의 철자를 찾아 표시하고, 빈칸에 쓰세요.

블루-     튜-ㅂ     글루-     클루-     튜-ㄴ

unpbluemtubeleglueejkclueghmtune

 참고하세요!

ending e가 아니면서 장모음이 되는 경우가 또 한 가지 있습니다. ie가 단어 중간에 오면 i를 이-로 길게 발음해서 장모음이 되는 것입니다.

| 단어 | piece | field | chief | believe |
|---|---|---|---|---|
| 발음 | 피-ㅆ | 필-ㄷ | 취-ㅍ | 빌리-ㅂ |
| 뜻 | 조각 | 들판 | 대장 | 믿다 |

답  ① ⓐ blue  ⓑ cute  ② blue / tube / glue / clue / tune

Let's
study!!

# 이중모음 파닉스

1 ai  2 ee  3 ea  4 oa

5 ow  6 ui

# ai

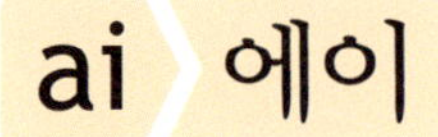

## ai 〉에이

**a-e**처럼 **에이**로 소리 냅니다.

---

 엄마의 공부방 　ai가 들어 있는 단어를 발음해보세요.

**aim** 에임
[éim] 목적, 겨냥

**daily chores** 데일리 쵸-어ㄹ쓰
[déili tʃɔ́ːrs] 일상의 잡무

**bait** 베이트
[béit] 미끼

**fingernail** 핑거ㄹ네일
[fíŋgərnèil] 손톱

---

 표현 익히기

Sorry! I was **aiming** for the trash can but I couldn't make it.
미안해! 내가 쓰레기통을 겨냥했었는데 그것이 빗나갔어.

Please help me out with the (household) **chores**. I'm tied up with them.
집안 일 좀 도와 주세요. 제가 그것들에 묶여 꼼짝을 못 해요.

---

 심화학습문제

① 다음 발음 표기 중 이중모음 **ai**가 들어가는 단어를 모두 찾고, 답의 철자를 보면서 단어를 읽어보세요.

ⓐ 페이드 베이케이션　　ⓑ 스낵　　ⓒ 타잎　　ⓓ 썹머리ㄴ

---

답 ① ⓐ [ⓐ paid vacation 유급 휴가　ⓑ snack 간식　ⓒ type 타입, 유형　ⓓ submarine 잠수함]

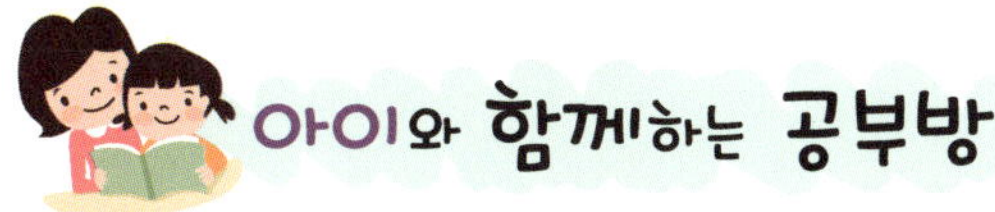

**tail** 테일
꼬리

**snail** 스네일
달팽이

**nail** 네일
못, 못을 박다

**mail** 메일
우편물

**pail** 페일
양동이

**sail** 쎄일
항해하다

① 다음 발음 표기를 보고 잘못 쓴 단어의 철자를 맞게 고쳐 쓰세요.

| | 발음 | | 잘못 쓴 단어 | | 맞게 쓰기 |
|---|---|---|---|---|---|
| ⓐ | 네일 | … | ialn | … | |
| ⓑ | 메일 | … | lmai | … | |
| ⓒ | 페일 | … | pila | … | |
| ⓓ | 테일 | … | ltai | … | |
| ⓔ | 스네일 | … | ilans | … | |

답  ① ⓐ nail  ⓑ mail  ⓒ pail  ⓓ tail  ⓔ snail

**2**

# ee

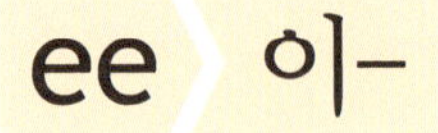

**ee** **이-**

e와 달리, **이-**로 길게 소리 냅니다.

---

 **엄마**의 **공부방**   ee가 들어 있는 단어를 발음해보세요.

**fee** 피-
[fíː] 보수, 수수료

**feed** 피-드
[fíːd] 먹이를 주다

**hide-and-seek** 하이던씨-크
[háidənsíːk] 숨바꼭질

**breeze** 브뤼-즈
[bríːz] 산들바람. 미풍

**freezer** 프뤼-저ㄹ
[fríːzər] 냉동고

**sleeve** 슬리-ㅂ
[slíːv] 소매

---

 표현 익히기

The doctor's fee for a visit will be fifty dollars.
의사의 왕진료는 50달러입니다.

You'll need money to cover fees and expenses.
수수료와 비용을 지불할 돈이 필요할 거예요.

 심화학습문제

① 다음 발음 표기 중 이중모음 **ee**가 들어가는 단어를 모두 찾고, 답의 철자를 보면서 단어를 읽어보세요.

ⓐ 이모우션          ⓑ 발런티어ㄹ          ⓒ 부-이          ⓓ 번추

---

답 ① ⓑ [ⓐ emotion 감정  ⓑ volunteer 자원 봉사자  ⓒ buoy (물에 띄우는) 부표  ⓓ bunch 다발, 송이]

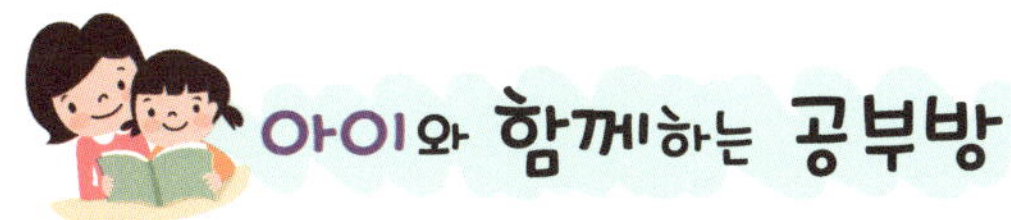

**bee** 비-
벌

**see** 씨-
보다

**seed** 씨-드
씨앗

**peel** 필-
껍질, 껍질을 벗기다

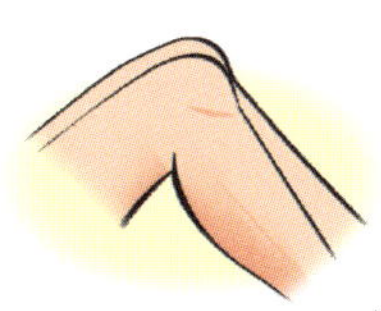

**knee** 니-
무릎

**tree** 트뤼-
나무

**연습문제**

① 다음 발음에 해당되는 단어의 철자를 찾아 표시하고, 빈칸에 쓰세요.

씨-드    필-    니-    씨-    비-    트뤼-

k s e e d u p e e l g k n e e h s e e c b e e f t r e e a

--------------------------------------------------

답 ① seed / peel / knee / see / bee / tree

# 3 ea

**ea > 이–**

ee와 같이 **이–**라고 길게 발음합니다.

 **엄마**의 **공부방**　ea가 들어 있는 단어를 발음해보세요.

**tease** 티-즈
[tíːz] 놀리다

**bleach** 블리-취
[blíːtʃ] 표백제, 표백하다

**steal** 스띠-일
[stíːl] 훔치다

**treatment** 트리-트먼트
[tríːtmənt] 취급 (방법), 치료, 대우

**lean** 리-ㄴ
[líːn] 기대다

**seat** 씨-트
[síːt] 좌석

 표현 익히기

**Fasten your seat belt, please.**
안전벨트를 매주세요.

**Don't get upset. I was only teasing.**
화내지 마. 그냥 장난으로 그런 거야.

 심화학습문제

① 다음 발음 표기 중 이중모음 **ea**가 들어가는 단어를 모두 찾고, 답의 철자를 보면서 단어를 읽어보세요.

ⓐ 미러ㄹ　　　ⓑ 로-여ㄹ　　　ⓒ 리-크　　　ⓓ 니-트

**답** ① ⓒ, ⓓ [ⓐ mirror 거울　ⓑ lawyer 법률가, 변호사　ⓒ leak (배, 지붕 등이) 새다　ⓓ neat 깔끔한, 단정한]

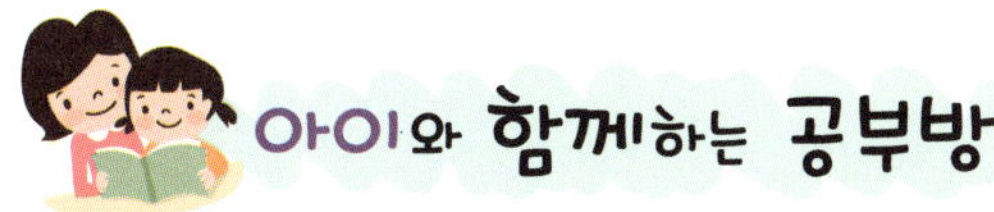

**tea** 티-
차

**seal** 씨-일
물개

**meal** 미-일
식사

**meat** 미-트
고기

**sea** 씨-
바다

**beach** 비-취
해변

① 다음 단어의 발음을 쓰세요.

| | 단어 | | 뜻 | | 발음 |
|---|---|---|---|---|---|
| ⓐ | sea | … | 바다 | … | |
| ⓑ | meat | … | 고기 | … | |
| ⓒ | meal | … | 식사 | … | |
| ⓓ | seal | … | 물개 | … | |
| ⓔ | tea | … | 차 | … | |

❷ 다음 발음에 해당되는 단어의 철자를 찾아 표시하고, 빈칸에 쓰세요.

티-    씨-일    미-일    미-트    씨-

*t e a l s e a l b m e a l k m e a t u s e a p c h b w y n*

# 4 oa

## oa › 오우

앞에 있는 **o**의 알파벳 이름과 같은 소리 **오우**로 발음합니다.
뒤에 있는 **a**는 소리 나지 않습니다.

 **엄마**의 **공부방**　oa가 들어 있는 단어를 발음해보세요.

**foam** 포움
[fóum]　거품

**charcoal** 챠ㄹ코울
[tʃɑ́ːrkòul]　숯, 목탄

**coast** 코우스트
[kóust]　해안

**roach** 뤄우취
[róutʃ]　바퀴벌레

**float** 플로우트
[flóut]　(물에) 뜨다

**soak** 쏘욱
[sóuk]　적시다, 담그다

 표현 익히기

Leave the beans to soak for an hour.
그 콩을 한 시간 동안 물에 담가 두세요.

Can you float on your back?
너 누워서 물에 떠 있을 수 있니?

 심화학습문제

① 다음 발음 표기 중 이중모음 **oa**가 들어가는 단어를 모두 찾고, 답의 철자를 보면서 단어를 읽어보세요.

ⓐ 하이어ㄹ　　　ⓑ 하이브뤼드　　　ⓒ 모이스쳐ㄹ　　　ⓓ 로우드

---

답　① ⓓ [ⓐ hire 고용하다　ⓑ hybrid 잡종　ⓒ moisture 습기　ⓓ load 짐, 짐을 싣다]

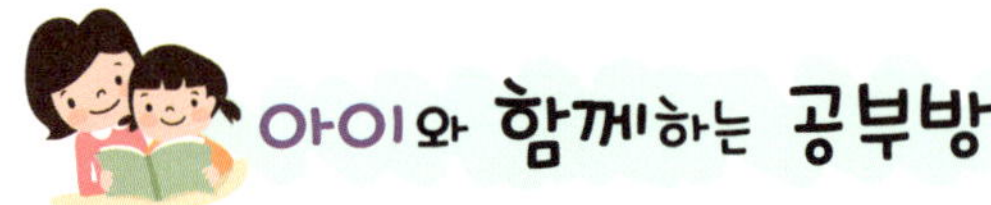

**boat** 보우트

배

**coat** 코우트

외투

**road** 뤄우드

길

**soap** 쏘웊

비누

**goat** 고우트

염소

**toad** 토우드

두꺼비

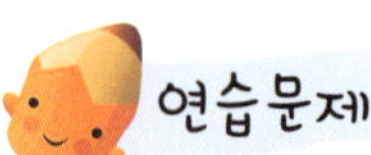


① 다음 발음에 해당되는 단어의 철자를 찾아 표시하고, 빈칸에 쓰세요.

보우트　　코우트　　뤄우드　　쏘웊　　고우트　　토우드

s b o a t k r c o a t m r o a d n s o a p b g o a t a t o a d j

---

답　① boat / coat / road / soap / goat / toad

# 5 OW

**OW** 〉오우

w는 소리나지 않고, 앞에 있는 **o**만 **오우**로 소리 냅니다.

---

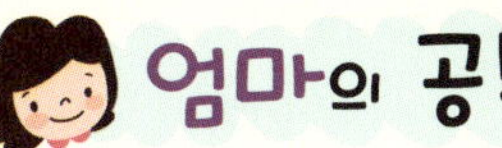 **엄마**의 **공부방**   ow가 들어 있는 단어를 발음해보세요.

**row** 뤄우
[róu] (늘어선) 줄, (극장 등의) 좌석줄

**flow** 플로우
[flóu] 흐르다

**swallow** 스왈로우
[swálou] 삼키다

**blow** 블로우
[blóu] 불다

**shallow** 섈로우
[ʃǽlou] 얕은

**tow truck** 토우 트뤅
[tóu trʌ̀k] 견인차

---

 **표현 익히기**

The Han River **flows** through Seoul.
한강은 서울을 관통해 흐른다.

I tried hard to **blow** up the balloon.
나는 그 풍선을 불려고 애썼다.

 **심화학습문제**

① 다음 발음 표기 중 이중모음 **ow**가 들어가는 단어를 모두 찾고, 답의 철자를 보면서 단어를 읽어보세요.

ⓐ 뮤지-엄     ⓑ 일렉트리씨티     ⓒ 오우너ㄹ     ⓓ 해글

---

**답** ① ⓒ [ⓐ museum 박물관, 미술관 ⓑ electricity 전기 ⓒ owner 주인 ⓓ haggle 값을 깎으려고 조르다]

**snow** 스노우

눈

**window** 윈도우

창문, 유리창

**scarecrow** 스케어ㄹ크뤄우

허수아비

**rainbow** 뢰인보우

무지개

**elbow** 엘보우

팔꿈치

**show** 쇼우

보여주다

**①** 다음 발음에 해당되는 단어의 철자를 찾아 표시하고, 빈칸에 쓰세요.

엘보우　　　뢰인보우　　　쇼우　　　윈도우　　　스노우

**②** 다음 발음의 철자를 맞게 고쳐 쓰세요.

ⓐ 
윈도우
iwnwdo

ⓑ 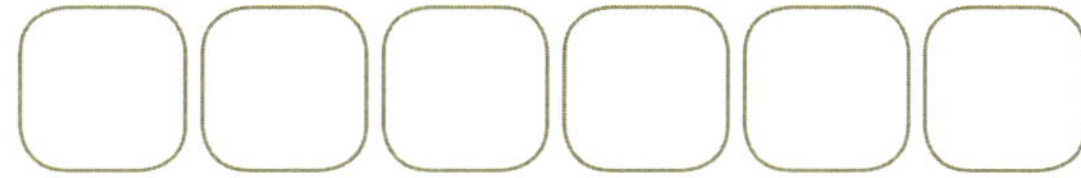
뢰인보우
brnaiow

---

답　① elbow / rainbow / show / window / snow
② ⓐ window　ⓑ rainbow

**6**

# ui

## ui 〉 유-/우-

ui가 들어가는 단어는 철자의 표기가 까다롭게 느껴지는 단어 중 하나입니다. 기본적 발음 규칙은 앞의 **u**만 길게 **유-**나 **우-**로 소리 내는 것입니다.

---

**엄마**의 **공부방**   ui가 들어 있는 단어를 발음해보세요.

**suitcase** 쑤-트케이쓰
[súːtkèis]  여행 가방

**juice** 쥬-쓰
[dʒúːs]  주스

**fruit** 프루-트
[frúːt]  과일

**nuisance** 누-쓴쓰
[n(j)úːsns]  성가심, 방해

**bruise** 브루-즈
[brúːz]  타박상

**cruise** 크루-즈
[krúːz]  유람선

---

**표현 익히기**

It was a nuisance to wake him up every morning.
매일 아침 그를 깨우는 것이 귀찮았다.

This banana has a bruise on it.
이 바나나에는 흠집이 있다.

---

**심화학습문제**

① 다음 발음 표기 중 이중모음 **ui**가 들어가는 단어를 모두 찾고, 답의 철자를 보면서 단어를 읽어보세요.

ⓐ 헌-티드 하우쓰    ⓑ 쑤-트    ⓒ 브뤄-드케스트    ⓓ 코우즈

② 다음 **ui**가 들어간 단어의 발음을 비교하며 빈칸에 우리말 발음을 쓰세요.

| | 단어 | | 발음 | | 뜻 |
|---|---|---|---|---|---|
| **ui = 우** … | suit | … ⓐ | | … | 옷 한 벌 |
| | fruit | … ⓑ | | … | 과일 |

| | 단어 | | 발음 | | 뜻 |
|---|---|---|---|---|---|
| **ui = 이** … | build | … ⓒ | | … | 짓다 |
| | guitar | … ⓓ | | … | 기타 |

아이와 함께하는 공부방

**fruit** 프루-트
과일

**juice** 쥬-쓰
주스

**cruise** 크루-즈
유람선

# 또 다른 경우의
# 이중모음 발음하기!

**① 모음 둘 다 따로 소리 내기**

**a  ou = 아우**

**blouse** 블**라**우쓰
[bláus]  블라우스

**surround** 써**롸**운드
[səráund]  주위, 둘러싸다

**foul** **파**울
[fául]  반칙

**lounge** **라**운쥐
[láundʒ]  (호텔·공항 등의) 라운지, 대합실

**ground** 그**롸**운드
[gráund]  땅

**house** **하**우쓰
[háus]  집

**b  ow = 아우**

**owl** **아**울
[ául]  올빼미

**clown** 클**라**운
[kláun]  광대

**cow** **카**우
[káu]  소

**now** **나**우
[náu]  지금

**bow** **바**우
[báu]  절하다

**scowl** 스**카**울
[skául]  얼굴을 찌푸리다

**2** 소리의 길이만 다르게 내기

같은 oo의 **우** 발음이지만 A 그룹은 짧게, B 그룹은 길게 발음합니다.

**예** book  짧게 발음합니다.   우 → 북

pool  길게 발음합니다.   우- → 푸-ㄹ

| 구분 | a 발음 | 단어 예 | | | |
| --- | --- | --- | --- | --- | --- |
| A 그룹 | 짧게 **우** | book | cook | foot | look |
| B 그룹 | 길게 **우-** | moon | goose | pool | food |

**book** 북
[búk] 책

**cook** 쿡
[kúk] 요리사

**foot** 풑
[fút] 발

**look** 룩
[lúk] 보다

**moon** 무-ㄴ
[mú:n] 달

**goose** 구-쓰
[gú:s] 거위

**pool** 푸-ㄹ
[pú:l] 수영장

**food** 푸-드
[fú:d] 음식

Let's
study!!

# 연속자음 파닉스

1. bl
2. br
3. cl
4. cr
5. dr
6. fl
7. fr
8. gl
9. gr
10. pl
11. pr
12. sl
13. sn
14. tr

# 1 bl

## bl 〉블르

---

**엄마의 공부방**  bl이 들어 있는 단어를 발음해보세요.

**blame** 블레임
[bléim] (남을) 탓하다, 비난하다, 나무라다

**blonde** 블란드
[blánd] 금발의

**(cherry) blossom** (췌리) 블라썸
[(tʃéri) blásəm] (벚)꽃

**blind** 블라인드
[bláind] 눈이 먼

**block** 블락
[blák] (시가지에서 도로로 나뉘는) 한 구획

**bleeding** 블리-딩
[blí:diŋ] 출혈(하는)

---

**표현 익히기**

The apple tree is in full blossom.
사과나무에 꽃들이 활짝 피었다.

My nose is bleeding.
코피가 흐른다.

My apartment is three blocks away from here.
내 아파트는 여기서 세 블럭 떨어져 있다.

---

▶ p.131 **답** ① blow / blue / black / block / blood
② ⓐ 블르 / 애크 ⓑ 블르 / 오우 ⓒ 블르 / 우

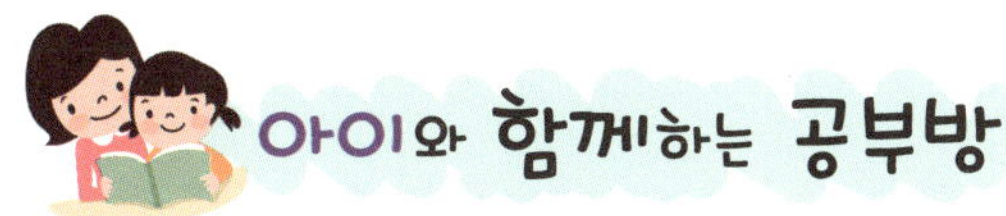

**blow** 블로우
불다

**blue** 블루-
파란색

**black** 블랙
검정색

**block** 블락
(장난감) 블록

**rollerblade** 뤄울러블레이드
롤러블레이드

**blood** 블라드
피

① 다음 발음에 해당되는 단어의 철자를 찾아 표시하고, 빈칸에 쓰세요.

| 블로우 | 블루- | 블랙 | 블락 | 블라드 |
|---|---|---|---|---|

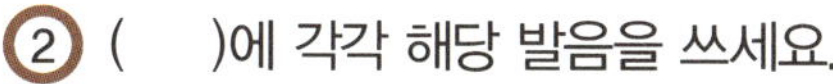

v b l o w u b l u e k b l a c k s b l o c k m b l o o d n

② (　)에 각각 해당 발음을 쓰세요.

| 단어 | 부분 발음 | 부분 발음 | 단어의 발음 | 단어의 뜻 |
|---|---|---|---|---|
| ⓐ black | bl (　) | ack (　) | 블랙 | 검정색 |
| ⓑ blow | bl (　) | ow (　) | 블로우 | 불다 |
| ⓒ blue | bl (　) | ue (　) | 블루- | 파란색 |

## **br** 브르

 **엄마**의 **공부방**　🔊 **br**이 들어 있는 단어를 발음해보세요.

**brain** 브뢰인
[bréin] 뇌

**briefcase** 브리-프케이쓰
[brí:fkèis] （서류를 넣는) 가죽 가방, 서류 가방

**bruised** 브루-즈드
[brú:zd] 멍든

**browse** 브롸우즈
[bráuz] （상점에서 물건을) 훑어보다, 둘러보다

**brew** 브루-
[brú:] （차, 커피를) 끓이다

**breath** 브뢰쓰
[bréθ] 숨, 호흡

 표현 익히기

*A:* May I help you?
도와드릴까요?

*B:* I'm just browsing. Thanks.
그냥 둘러보는 거예요. 고마워요.

---

▶ p.133 **답** ① brown / bring / break / brother / brush
② ⓐ 아운 / 브롸운 ⓑ 잉 / 브링 ⓒ 이크 / 브뢰익

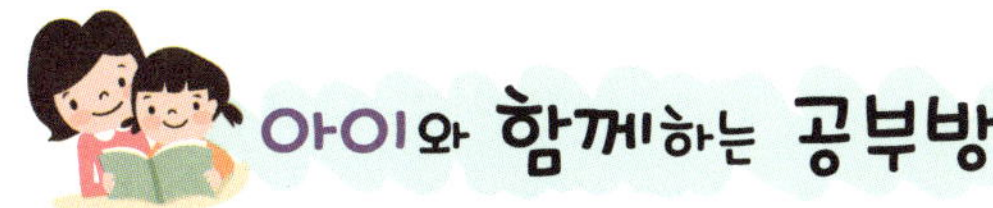

**brown** 브라운
갈색

**brother** 브라더ㄹ
(남자) 형제

**bring** 브링
(물건을) 가져오다, (사람을) 데려오다

**break** 브뢰익
부수다, 깨지다

**bride** 브라이드
신부

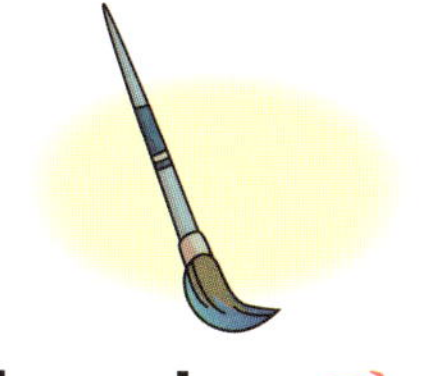

**brush** 브뤄쉬
붓, 솔

① 다음 발음에 해당되는 단어의 철자를 찾아 표시하고, 빈칸에 쓰세요.

| 브라운 | 브링 | 브뢰익 | 브라더ㄹ | 브뤄쉬 |
|---|---|---|---|---|

kbrownlbringkbreaksebrothernbrushth

② (     )에 해당 발음을 쓰고, 단어의 발음도 쓰세요.

| 단어 | 부분 발음 | | 부분 발음 | 단어의 발음 | 단어의 뜻 |
|---|---|---|---|---|---|
| ⓐ **brown** | br | 브르 | own (        ) | | 갈색 |
| ⓑ **bring** | br | 브르 | ing (        ) | | 가지고 오다 |
| ⓒ **break** | br | 브르 | eak (        ) | | 부수다 |

# cl

## cl 클르

 **엄마의 공부방** cl이 들어 있는 단어를 발음해보세요.

**closet** 클라짙
[klázit] 옷장, 벽장

**close** 클로우쓰
[klóus] 가까운

**clockwise** 클락와이즈
[klákwàiz] 시계 방향의

**clone** 클로운
[klóun] 복제 생물, 클론

**clash** 클래쉬
[klǽʃ] 충돌(하다)

**clinic** 클리닉
[klínik] 진료소

 **표현 익히기**

He is my close friend.
그는 나의 친한 친구야.

Come closer.
더 가까이 와.

---

▶ p.135 답 ① cloud / clown / clock / close / clap
② ⓐ cloud ⓑ close

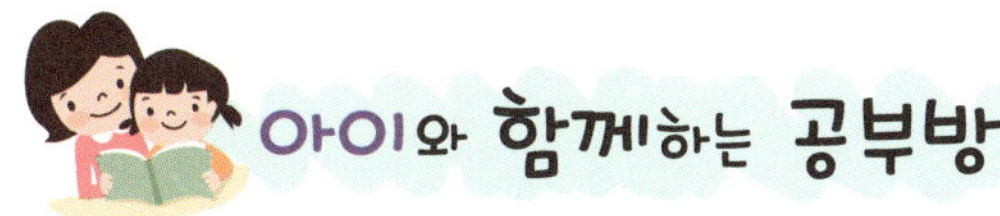

**cloud** 클라우드
구름

**clown** 클라운
광대

**clock** 클락
시계

**close** 클로우즈
닫다

**clap** 클랩
손뼉을 치다

**climb** 클라임
오르다

① 다음 발음에 해당되는 단어의 철자를 찾아 표시하고, 빈칸에 쓰세요.

| 클라우드 | 클라운 | 클락 | 클로우즈 | 클랩 |

u c l o u d k c l o w n y c l o c k l c l o s e z e c l a p b c l u a k n

② 다음 발음의 철자를 맞게 고쳐 쓰세요.

ⓐ  클라우드　ucodl

ⓑ 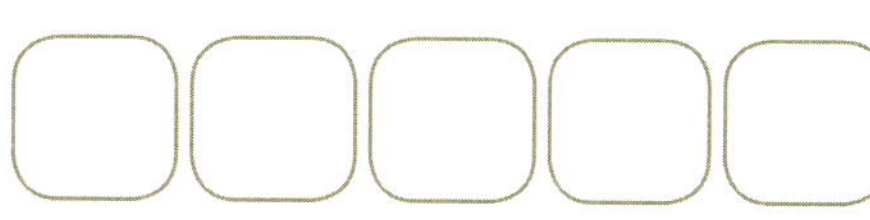 클로우즈　socel

# 4 cr

cr 크르

 **엄마의 공부방**  cr이 들어 있는 단어를 발음해보세요.

**crash** 크래슈
[kræʃ] 충돌, 쾅[부딪치거나 깨질 때 등에 나는 소리]

**crack** 크랙
[kræk] 금, 틈, 금이 가다, 갈라지다

**cramp** 크램프
[kræmp] 경련, 쥐

**crowd** 크롸우드
[kráud] 군중, 무리

**crawl** 크뤄-얼
[krɔ́:l] 기(어가)다, 느릿느릿 가다

**crutch** 크뤄추
[krʌtʃ] 목발

 **표현 익히기**

I have a cramp in my leg.
다리에 쥐가 났어.

After the accident, I spent several months on crutches.
그 사고 후 나는 몇 개월 동안 목발을 짚고 다녔다.

▶ p.137 답 ① crab / cross / crown / cry / crow
② ⓐ 크르 / 아운 ⓑ 크르 / 애슈 ⓒ 크르 / 아쓰

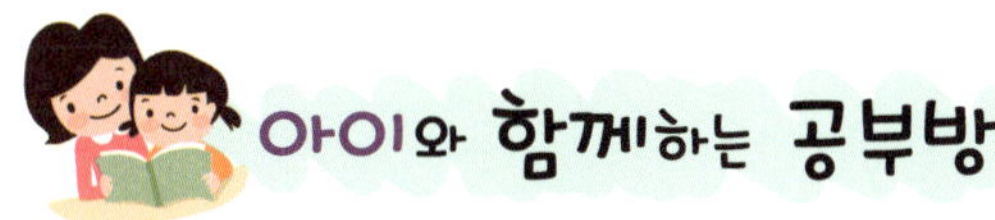

**crab** 크랩
게

**cross** 크롸쓰
길을 건너다, 십자가

**crown** 크롸운
왕관

**cry** 크롸이
울다

**crow** 크뤄우
까마귀

**crocodile** 크롸커다일
악어

연습문제

① 다음 발음에 해당되는 단어의 철자를 찾아 표시하고, 빈칸에 쓰세요.

| 크랩 | 크롸쓰 | 크롸운 | 크롸이 | 크뤄우 |
|---|---|---|---|---|

k l c r a b v e c r o s s x p c r o w n u c r y s c r o w u

② ( )에 각각 해당 발음을 쓰세요.

| | 단어 | 부분 발음 | 부분 발음 | 단어의 발음 | 단어의 뜻 |
|---|---|---|---|---|---|
| ⓐ | crown | cr ( ) | own ( ) | 크롸운 | 왕관 |
| ⓑ | crash | cr ( ) | ash ( ) | 크래쉬 | 충돌, 쾅 |
| ⓒ | cross | cr ( ) | oss ( ) | 크롸쓰 | 길을 건너다, 십자가 |

# 5 dr

## dr 드르

---

**엄마**의 **공부방**　　🔊 **dr**이 들어 있는 단어를 발음해보세요.

**drain** 드뤠인
[dréin] 하수구, (물이) 흘러 나가다

**drown** 드롸운
[dráun] 물에 빠지다, 익사하다, (소음이 다른 소리를) 지우다

**drawer** 드롸-어ㄹ
[drɔ́:ər] 서랍

**drop** 드롹
[dráp] 떨어뜨리다, 물방울

**drier** 드롸이어ㄹ
[dráiər] 건조기, 드라이어

**drunk driver** 드뤙ㅋ 드롸이버ㄹ
[dráŋk dráivər] 음주 운전자

---

### 표현 익히기

The water drained through the pipe.
물이 배관을 통해 빠져 나갔다.

The noise drowned out her speech.
소음이 그녀의 연설을 삼켜버렸다.

---

▶ p.139 답 ① dragon / dry / draw / drink / drum / dream
② ⓐ 드르 / 이-임 / 드뤠ㅁ ⓑ 드르 / 잉ㅋ / 드뤙ㅋ ⓒ 드르 / 아프 / 드롹

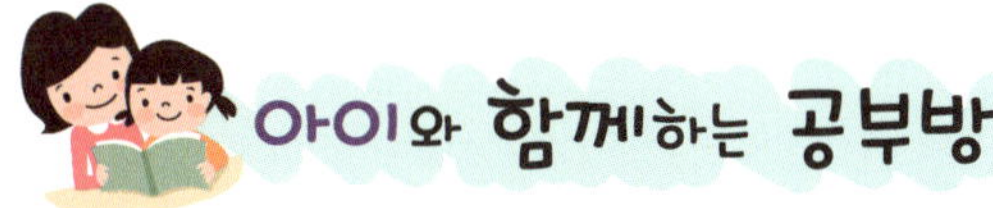

**dragon** 드뢔곤
용

**dry** 드롸이
말리다

**draw** 드뤄-
그리다

**drink** 드링크
음료, 마시다

**drum** 드뤔
북, 드럼, 북을 치다

**dream** 드릐-ㅁ
꿈, 꿈을 꾸다

① 다음 발음에 해당되는 단어의 철자를 찾아 표시하고, 빈칸에 쓰세요.

| 드뢔곤 | 드롸이 | 드뤄- | 드링크 | 드뤔 | 드릐-ㅁ |

thdragonmdrypdrawzdrinkudrumndream

|  |  |  |  |  |  |

② ( )에 각각 해당 발음을 쓰고, 단어의 발음도 쓰세요.

| | 단어 | 부분 발음 | 부분 발음 | 단어의 발음 | 단어의 뜻 |
|---|---|---|---|---|---|
| ⓐ | dream | dr ( ) | eam ( ) | | 꿈, 꿈을 꾸다 |
| ⓑ | drink | dr ( ) | ink ( ) | | 음료, 마시다 |
| ⓒ | drop | dr ( ) | op ( ) | | 떨어뜨리다, 물방울 |

# 6 fl

## fl ▶ 플르

**엄마의 공부방**  fl이 들어 있는 단어를 발음해보세요.

**flea market** 플리– 마–ㄹ킽
[flí: màːrkit]  벼룩시장

**float** 플로우트
[flóut]  (물에) 뜨다

**flat tire** 플랱 타이어ㄹ
[flǽt táiər]  바람이 빠진[펑크 난] 타이어

**flight** 플라이트
[fláit]  비행, (항공) 여행

**flood** 플라드
[flʌ́d]  홍수

**flow** 플로우
[flóu]  흐르다

**표현 익히기**

**My car has a flat tire.**
내 차 타이어가 펑크 났어.

**From here the river flows north.**
여기서부터 강은 북쪽으로 흐른다.

---

▶ p.141  **답** ① fly / flag / flower / floor / flipper
② ⓐ 플르 / 아이 / 플라이  ⓑ 플르 / 오우트 / 플로우트  ⓒ 플르 / 오우 / 플로우

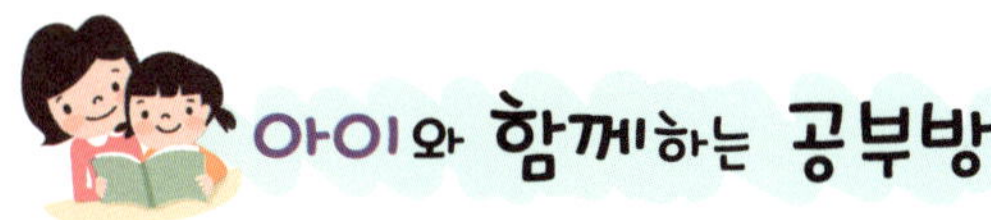

**fly** 플라이

날다, 파리

**flag** 플래ㄱ

깃발

**flower** 플라워ㄹ

꽃

**floor** 플러-워ㄹ

마루, 바닥

**flour** 플라워ㄹ

(밀)가루

**flipper** 플리퍼ㄹ

물갈퀴

 연습문제

① 다음 발음에 해당되는 단어의 철자를 찾아 표시하고, 빈칸에 쓰세요.

| 플라이 | 플래ㄱ | 플라워ㄹ | 플러-워ㄹ | 플리퍼ㄹ |

t f l y I f l a g e f l o w e r s f l o o r d f i o l w e f l i p p e r

②  (     )에 각각 해당 발음을 쓰고, 단어의 발음도 쓰세요.

| 단어 | 부분 발음 | 부분 발음 | 단어의 발음 | 단어의 뜻 |
|---|---|---|---|---|
| ⓐ **fly** | fl (     ) | y (     ) | | 날다, 파리 |
| ⓑ **float** | fl (     ) | oat (     ) | | (물에) 뜨다 |
| ⓒ **flow** | fl (     ) | ow (     ) | | 흐르다 |

# 7 **fr**

**fr** ▷ 프르

---

 엄마의 공부방 　fr이 들어 있는 단어를 발음해보세요.

**frown** 프**라**운
[fráun] (얼굴을) 찡그리다

**freckle** 프**뤠**클
[frékl] 주근깨, 기미

**frostbite** 프**뤄**-스트바이트
[frɔ́:stbàit] 동상

**fragile** 프**뤠**즐
[frǽdʒl] 깨지기 쉬운

**frozen** 프**뤄**우즌
[fróuzn] 얼어 있는

**freezer** 프**뤼**-저ㄹ
[frí:zər] 냉동고

---

 표현 익히기

Mike **frowned** at me for laughing at him.
Mike는 내가 자기를 비웃었다고 인상을 찌푸렸다.

Her face is covered with **freckles**.
그녀의 얼굴은 주근깨 투성이다.

---

▶ p.143 답 ① frog / fruit / front / friend / free
② ⓐ 프르 / **아**ㄱ ⓑ 프르 / **안**트 ⓒ 프르 / **이**-

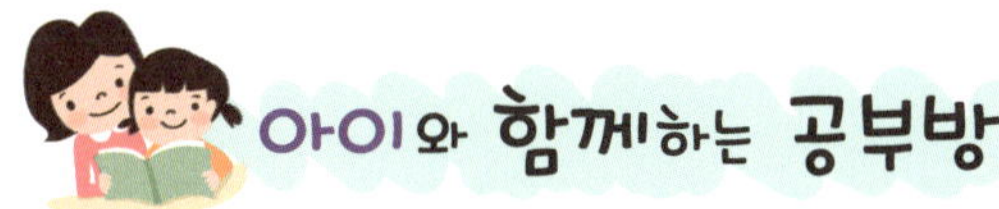

**frog** 프뤄ㄱ
개구리

**fried rice** 프롸이드 롸이쓰
볶음밥

**fruit** 프루–트
과일

**front** 프뤈트
앞

**friend** 프뤤드
친구

**free** 프뤼–
공짜의

① 다음 발음에 해당되는 단어의 철자를 찾아 표시하고, 빈칸에 쓰세요.

| 프뤄ㄱ | 프루–트 | 프뤈트 | 프뤤드 | 프뤼– |
|---|---|---|---|---|

p f r o g s f r u i t t f r o n t h f r i e n d g f r e e a f r l a d r a e

|  |  |  |  |  |
|---|---|---|---|---|

② (    )에 각각 해당 발음을 쓰세요.

| 단어 | 부분 발음 | 부분 발음 | 단어의 발음 | 단어의 뜻 |
|---|---|---|---|---|
| ⓐ frog | fr (      ) | og (      ) | 프뤄ㄱ | 개구리 |
| ⓑ front | fr (      ) | ont (      ) | 프뤈트 | 앞 |
| ⓒ free | fr (      ) | ee (      ) | 프뤼– | 공짜의 |

# 8 gl

## gl 〉글르

 **엄마**의 **공부방**  gl이 들어 있는 단어를 발음해보세요.

**gloomy** 글**루**-미
[glú:mi] 우울한, 음산한

**glow** 글**로**우
[glóu] (불꽃 없이 은은하게) 빛나다

**glitter** 글**리**터ㄹ
[glítər] 반짝반짝 빛나다

**glance** 글**랜**쓰
[glǽns] 흘긋 봄

 표현 익히기

Her eyes were glowing with happiness.
그녀의 눈은 행복감으로 빛나고 있었다.

He glanced at her watch.
그는 그녀의 시계를 흘긋 보았다.

---

▶ p.145 답 ① glass / globe / glove / glue
② ⓐ 글르 / 오우브 / 글로우브 ⓑ 글르 / 어브 / 글러브 ⓒ 글르 / 애쓰 / 글래쓰

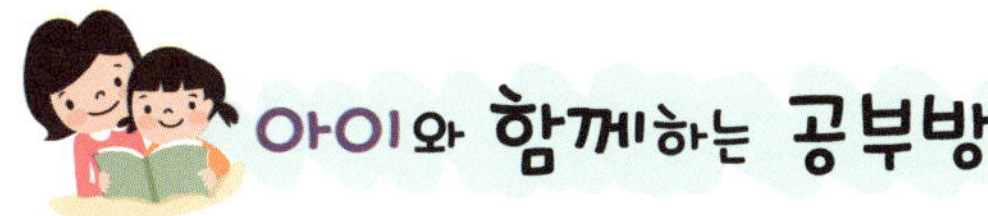

**glass** 글래쓰
유리

**globe** 글로우브
지구본, 공 모양

**glove** 글러브
장갑

**glue** 글루-
풀, 접착제

① 다음 발음에 해당되는 단어의 철자를 찾아 표시하고, 빈칸에 쓰세요.

| 글래쓰 | 글로우브 | 글러브 | 글루- |
|---|---|---|---|

b u g l a s s t h g l o b e b g l o v e g l o t g l u e w w u

|  |  |  |  |
|---|---|---|---|

② (　)에 각각 해당 발음을 쓰고, 단어의 발음도 쓰세요.

| | 단어 | 부분 발음 | 부분 발음 | 단어의 발음 | 단어의 뜻 |
|---|---|---|---|---|---|
| ⓐ | globe | gl (　) | obe (　) | | 지구본 |
| ⓑ | glove | gl (　) | ove (　) | | 장갑 |
| ⓒ | glass | gl (　) | ass (　) | | 유리 |

**9**

# gr

### gr 그르

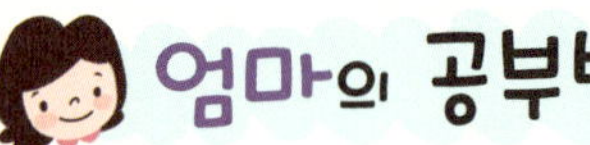

**엄마의 공부방**　　gr이 들어 있는 단어를 발음해보세요.

**grain** 그뢰인
[gréin] (곡식의) 낟알, 곡물

**grade** 그뢰이드
[gréid] 학년, 성적

**graduate** 그뢔쥬에잍
[grædʒuèit] 졸업하다

**grumble** 그뤔블
[grʌ́mbl] 투덜대다

 **표현 익히기**

I graduated from MIT last year.
전 작년에 MIT를 졸업했습니다.

I got good grades last semester.
나는 지난 학기에 학점을 잘 받았다.

▶ p.147 답 ① grapes / grow / green / grass
② ⓐ 그르 / 이-ㄴ / 그뤼-ㄴ ⓑ 그르 / 애쓰 / 그뢔쓰 ⓒ 그르 / 오우 / 그뤄우

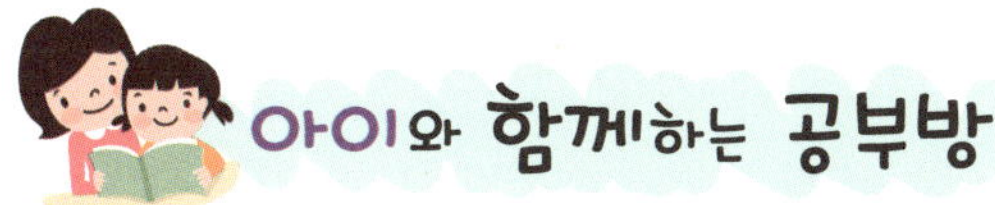

**grapes** 그뤠잎쓰

포도

**grow** 그뤄우

자라다

**green** 그뤼-ㄴ

초록색

**grass** 그뢔쓰

풀

① 다음 발음에 해당되는 단어의 철자를 찾아 표시하고, 빈칸에 쓰세요.

| 그뤠잎쓰 | 그뤄우 | 그뤼-ㄴ | 그뢔쓰 |
|---|---|---|---|

n g r a p e s p g r o w u u g r e e n r g r a s s t s

|  |  |  |  |
|---|---|---|---|

② ( )에 각각 해당 발음을 쓰고, 단어의 발음도 쓰세요.

| 단어 | 부분 발음 | 부분 발음 | 단어의 발음 | 단어의 뜻 |
|---|---|---|---|---|
| ⓐ green | gr ( ) | een ( ) |  | 초록색 |
| ⓑ grass | gr ( ) | ass ( ) |  | 풀 |
| ⓒ grow | gr ( ) | ow ( ) |  | 자라다 |

**10**

# pl

## pl ▸ 플르

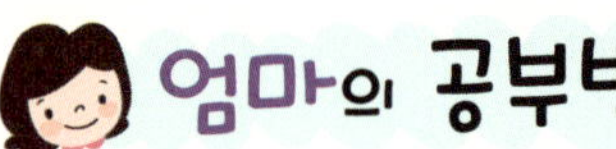

**엄마의 공부방** · pl이 들어 있는 단어를 발음해보세요.

**platform** 플랱포-ㄹ엄
[plǽtfɔːrm] (역의) 승강장, 플랫폼

**pleasure** 플레저ㄹ
[pléʒər] 기쁨

**planet** 플래닡
[plǽnit] 행성

**pleat** 플리-트
[plíːt] (치마 등의) 주름

**표현 익히기**

*A*: Thank you for your kind care.
당신의 따뜻한 보살핌에 감사해요.

*B*: It's a pleasure.
저도 기뻐요.

The closest planet to the Sun is Mercury.
태양에 가장 가까운 행성은 수성이다.

---

 **답** ① play / plum / plate / plant
② ⓐ 플르 / 에이트 / 플레이트 / 접시 ⓑ 플르 / 앤트 / 플랜트 / 식물 ⓒ 플르 / 에이 / 플레ㅇ / 놀다

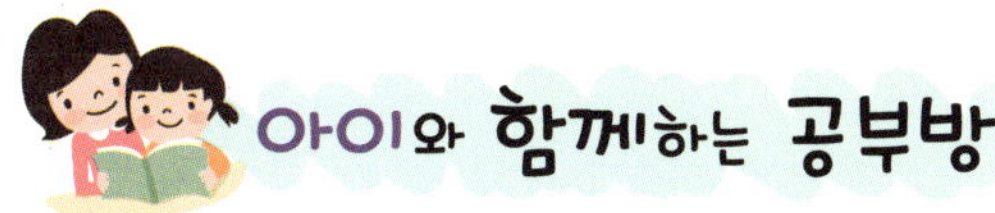

**play** 플레이
놀다

**plum** 플럼
자두

**plate** 플레이트
접시

**plant** 플랜트
식물

① 다음 발음에 해당되는 단어의 철자를 찾아 표시하고, 빈칸에 쓰세요.

| 플레이 | 플럼 | 플레이트 | 플랜트 |

a p l a y o p l u m t p l a t e r p l a n t c p l a p a t e

② (    )에 각각 해당 발음을 쓰고, 단어의 발음도 쓰세요.

| | 단어 | 부분 발음 | 부분 발음 | 단어의 발음 | 단어의 뜻 |
|---|---|---|---|---|---|
| ⓐ | plate | pl (    ) | ate (    ) | | |
| ⓑ | plant | pl (    ) | ant (    ) | | |
| ⓒ | play | pl (    ) | ay (    ) | | |

# pr

**pr** 프르

---

**엄마의 공부방**  pr이 들어 있는 단어를 발음해보세요.

**pregnant** 프뢰그넌트
[prégnənt] 임신한

**predict** 프뢰딕트
[pridíkt] 예측하다

**promise** 프롸미쓰
[prámis] 약속(하다)

**profit** 프롸핏
[práfit] 이득, 이윤

---

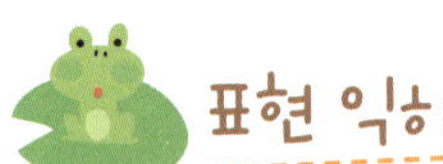

**표현 익히기**

My wife is pregnant.
제 아내가 임신 중입니다.

It's difficult to predict the weather recently.
최근엔 날씨를 예측하기가 어렵다.

---

▶ p.151 답  ① prince / pray / prize / price  ② ⓐ prince  ⓑ prize  ⓒ price

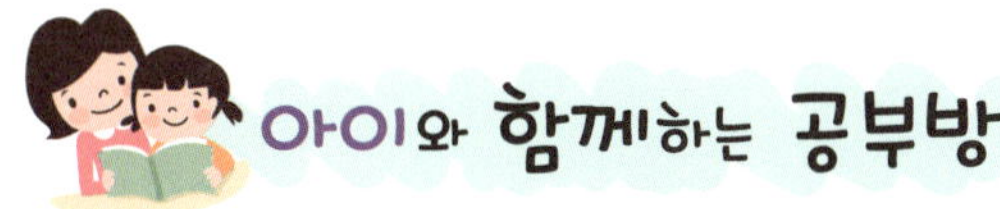

**prince** 프린쓰
왕자

**pray** 프뢰이
기도하다

**prize** 프롸이즈
상, 상품

**price** 프롸이쓰
가격

① 다음 발음에 해당되는 단어의 철자를 찾아 표시하고, 빈칸에 쓰세요.

| 프린쓰 | 프뢰이 | 프롸이즈 | 프롸이쓰 |

k p r i n c e s p r a y j p r i z e w p r i c e k e p r e d

② 다음 발음 표기를 보고 잘못 쓴 단어의 철자를 맞게 고쳐 쓰세요.

| | 발음 | | 잘못 쓴 단어 | | 맞게 쓰기 |
|---|---|---|---|---|---|
| ⓐ | 프린쓰 | … | rnpiec | … | |
| ⓑ | 프롸이즈 | … | epizr | … | |
| ⓒ | 프롸이쓰 | … | cirep | … | |

**12** **sl**

| sl ▷ 슬르 |

### 엄마의 공부방

🔊 **sl**이 들어 있는 단어를 발음해보세요.

**sleeve** 슬리-브
[slíːv] 소매

**slam** 슬램
[slǽm] (문을) 쾅 닫다

**slot** 슬랕
[slát] (자동판매기 등의) 동전 구멍

**slumber** 슬럼버ㄹ
[slʌ́mbər] 선잠, 졸음

### 표현 익히기

**slumber** party
파자마 파티

**Put the coin in the slot to get coffee.**
커피를 뽑으려면 구멍에 동전을 넣으세요.

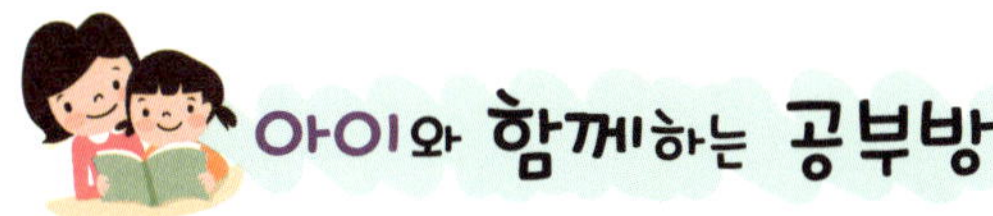

**slow** 슬로우
느린

**sleep** 슬리-ㅍ
잠을 자다

**slice** 슬라이쓰
(얇게 자른) 조각

**sled** 슬레드
썰매

**연습문제**

① 다음 발음에 해당되는 단어의 철자를 찾아 표시하고, 빈칸에 쓰세요.

| 슬로우 | 슬리-ㅍ | 슬라이쓰 | 슬레드 |

h s l o w u s l e e p e s l i c e k s l e d b s n s l e e b

② 다음 발음 표기를 보고 잘못 쓴 단어의 철자를 맞게 고쳐 쓰세요.

| 발음 | 잘못 쓴 단어 | 맞게 쓰기 |
|---|---|---|
| ⓐ 슬리-ㅍ | ··· pseel ··· | |
| ⓑ 슬레드 | ··· dels ··· | |
| ⓒ 슬라이쓰 | ··· ilecs ··· | |

# 13 sn

sn ▶ 스느

 **엄마의 공부방**  sn이 들어 있는 단어를 발음해보세요.

**snore** 스노-어ㄹ
[snɔ́ːr] 코를 골다

**sneakers** 스니-커ㄹ즈
[sníːkərz] 운동화

**sniff** 스니ㅍ
[sníf] 냄새를 맡다

**sneeze** 스니-즈
[sníːz] 재채기하다

 **표현 익히기**

I snore a little.
제가 코를 조금 골아요.

Cover your mouth when you cough or sneeze.
기침이나 재채기를 할 때에는 입을 가리세요.

---

▶ p.155 답  ① snow / snail / snake / snack
② ⓐ 스느 / 오우 / 스노우  ⓑ 스느 / 애크 / 스낵  ⓒ 스느 / 에일 / 스네일

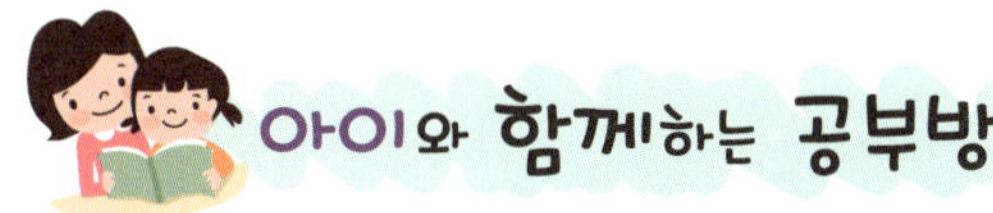

**snow** 스노우
눈

**snail** 스네일
달팽이

**snake** 스네익
뱀

**snack** 스낵
간식

① 다음 발음에 해당되는 단어의 철자를 찾아 표시하고, 빈칸에 쓰세요.

| 스노우 | 스네일 | 스네익 | 스낵 |
|---|---|---|---|

n s n o w v s n a i l r s n a k e c s n a c k t h s n i f a b

|  |  |  |  |
|---|---|---|---|

② (　)에 각각 해당 발음을 쓰고, 단어의 발음도 쓰세요.

| 단어 | 부분 발음 | 부분 발음 | 단어의 발음 | 단어의 뜻 |
|---|---|---|---|---|
| ⓐ **snow** | sn (　　) | ow (　　) |  | 눈 |
| ⓑ **snack** | sn (　　) | ack (　　) |  | 간식 |
| ⓒ **snail** | sn (　　) | ail (　　) |  | 달팽이 |

# 14

# tr

tr 트르

 **엄마**의 **공부방**  tr이 들어 있는 단어를 발음해보세요.

**trim** 트림
[trím] (잘라서) 정돈하다, 다듬다

**transcript** 트랜스크립트
[trǽnskript] 성적표

**traffic jam** 트래픽 잼
[trǽfik dʒǽm] 교통 체증

**travel** 트래블
[trǽvl] 여행(하다)

 표현 익히기

Just **trim** my hair, please.
제 머리 (모양) 그냥 다듬어만 주세요.

I love **travelling** by train.
나는 기차를 타고 여행하는 것을 좋아해.

▶ p.157 답 ① tree / train / tray / truck
② ⓐ 트르 / 에인 / 트레인 ⓑ 트르 / 이– / 트뤼– ⓒ 트르 / 억 / 트뤽

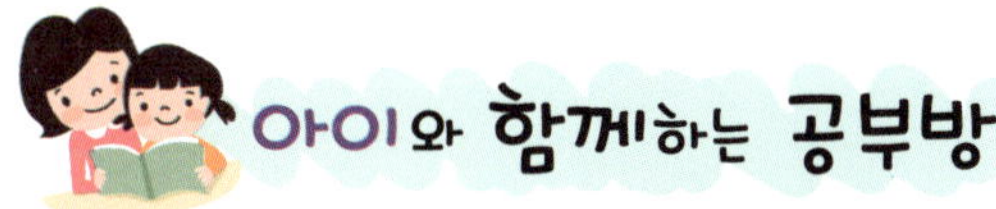

**tree** 트뤼-
나무

**train** 트뢰인
기차

**truck** 트뤽
트럭

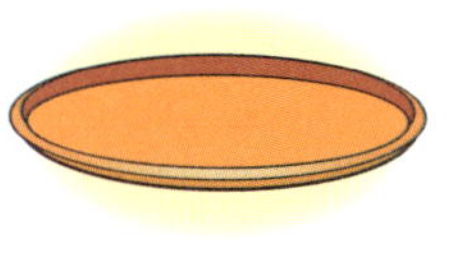

**tray** 트뢰이
쟁반

① 다음 발음에 해당되는 단어의 철자를 찾아 표시하고, 빈칸에 쓰세요.

| 트뤼- | 트뢰인 | 트뢰이 | 트뤽 |
|---|---|---|---|

s t r e e a t r a i n g l e u t r a p r t r a y p t u t r u c k

|  |  |  |  |
|---|---|---|---|

② (     )에 각각 해당 발음을 쓰고, 단어의 발음도 쓰세요.

| | 단어 | 부분 발음 | 부분 발음 | 단어의 발음 | 단어의 뜻 |
|---|---|---|---|---|---|
| ⓐ | train | tr (     ) | ain (     ) | | 기차 |
| ⓑ | tree | tr (     ) | ee (     ) | | 나무 |
| ⓒ | truck | tr (     ) | uck (     ) | | 트럭 |

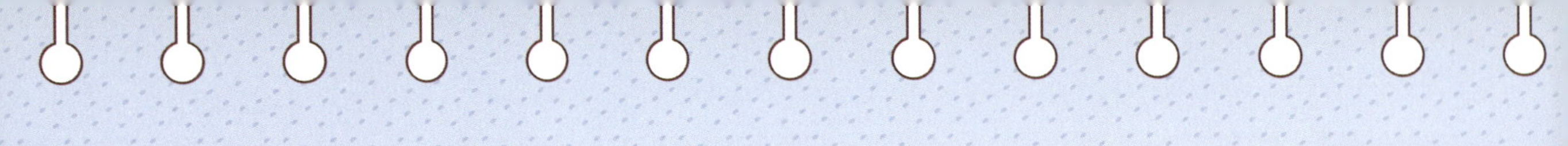

# brain을 브뢰인이 아닌 배레인으로??

보통 하나의 자음 다음에 모음이 따라나오는 단어의 발음에 익숙해져 있던 많은 아이들이 bra로 시작하는 발음을 브뢰가 아니라 발로 하는 경우가 종종 있습니다.

영어를 모국어로 하는 학생들도 자음이 연달아 나오는 단어의 발음을 어려워하기는 마찬가지입니다. 하지만 다음과 같은 해결책을 활용해 보세요. 그 어려워하던 발음을 쉽게 하게 됩니다.

앞에서부터가 아니라 뒤에서부터 읽어보게 하면 힘들어하던 발음이 해결됩니다.

| | | |
|---|---|---|
| **b**rain<br>뒤에서부터 읽기 | … | **rain** (뢰인)에 **b**를 붙여 **brain**<br>브뢰인 |

# 이중자음 파닉스

1 ch    2 sh    3 th    4 wh

# ch

ch › 취

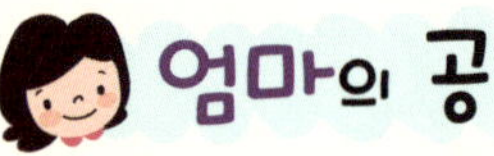 **엄마**의 **공부방**   ch가 들어 있는 단어를 발음해보세요.

**change** 체인쥐
[tʃéindʒ]  잔돈, 동전

**choke** 쵸우크
[tʃóuk]  질식하다

**chore** 쵸-어ㄹ
[tʃɔ́ːr]  (집안의) 잡일

**chew** 츄-
[tʃúː]  씹다

 표현 익히기

I'd like to have a dollar in change.
동전으로 1달러 부탁합니다.

**아이**와 **함께**하는 **공부방**

**chair** 췌어ㄹ
의자

**cherry** 췌뤼
버찌, 체리

**chicken** 취킨
닭(고기)

**children** 칠드뤈
(어린)아이들

 연습문제

**①** 다음 발음에 해당되는 단어의 철자를 찾아 표시하고, 빈칸에 쓰세요.

| 체어ㄹ | 체뤼 | 취킨 | 췰드뤈 |
|---|---|---|---|

pchairucherryechickenmchildrenthce

|  |  |  |  |
|---|---|---|---|

**②** 다음 발음 표기를 보고 잘못 쓴 단어의 철자를 맞게 고쳐 쓰세요.

| | 발음 | | 잘못 쓴 단어 | | 맞게 쓰기 |
|---|---|---|---|---|---|
| ⓐ | 취킨 | ⋯ | kcenhci | ⋯ | |
| ⓑ | 체뤼 | ⋯ | heycrr | ⋯ | |
| ⓒ | 췰드뤈 | ⋯ | rdneilch | ⋯ | |

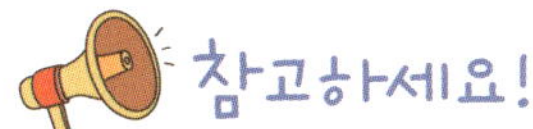 참고하세요!

**ch의 또 다른 발음 ㅋ**

ch가 ck와 같은 발음인 **ㅋ**로 발음될 때가 있습니다.

**stomach** 스타먹
위, 배, 복부

**character** 캐릭터ㄹ
성격, 등장 인물

**school** 스쿠-ㄹ
학교

**anchor** 앵커ㄹ
닻, 뉴스 진행자

**chorus** 코-뤄스
합창단[곡], 합창하다

**답** ① chair / cherry / chicken / children  ② ⓐ chicken ⓑ cherry ⓒ children

# 2 sh

sh 〉 쉬

---

 **엄마의 공부방**　　sh가 들어 있는 단어를 발음해보세요.

**shame** 쉐임
[ʃéim]  수치심

**shiver** 쉬버ㄹ
[ʃívər]  (추위, 흥분 등으로) 떨다

**shake** 쉐이크
[ʃéik]  흔들다

**shove** 셔브
[ʃʌ́v]  (전철 등 복잡한 곳에서) 밀치다, 떠밀다

---

 **표현 익히기**

Shame on you!
부끄러운 줄 알아야지!

Please don't shove me.
밀치지 좀 마세요.

**sheep** 쉬-ㅍ
양

**ship** 쉾
(타는) 배

**shell** 쉘
조개껍데기

**shoes** 슈-즈
신발

연습문제

① 다음 발음에 해당되는 단어의 철자를 찾아 표시하고, 빈칸에 쓰세요.

| 쉬-ㅍ | 쉾 | 쉘 | 슈-즈 |
|---|---|---|---|

c s h e e p u s h i p k s h e l l k s h o e s n g s h i e

② 다음 발음 표기를 보고 잘못 쓴 단어의 철자를 맞게 고쳐 쓰세요.

| | 발음 | | 잘못 쓴 단어 | | 맞게 쓰기 |
|---|---|---|---|---|---|
| ⓐ | 쉬-ㅍ | ··· | peseh | ··· | |
| ⓑ | 쉘 | ··· | selhl | ··· | |
| ⓒ | 슈-즈 | ··· | sesho | ··· | |
| ⓓ | 쉾 | ··· | siph | ··· | |

답 ① sheep / ship / shell / shoes ② ⓐ sheep ⓑ shell ⓒ shoes ⓓ ship

# th  쓰/드

**쓰[θ]** 입을 살짝 벌렸다가 혀가 위아래 이를 살짝 마찰할 정도로 다물면서 **쓰**라고 발음합니다.

**드[ð]** 쓰의 발음 요령과 같으나 **드**라고 발음합니다. 반드시 혀가 이 사이를 스쳐야 합니다.

 **엄마**의 **공부방**  th가 들어 있는 단어를 발음해보세요.

**thermometer** 써ㄹ마미터ㄹ
[θərmámitər]  온도계, 체온계

**throat** 쓰뤄우트
[θróut]  목구멍

**threaten** 쓰뢰튼
[θrétn]  협박하다

**thunder** 썬더ㄹ
[θʌndər]  우레, 천둥

**father** 파-더ㄹ
[fɑːðər]  아빠, 아버지

**this** 디쓰
[ðís]  이, 이것

 표현 익히기

Pollution is threatening our lives.
공해가 우리의 삶을 협박하고 있다.

The thermometer will drop down to 10 degrees.
기온이 10도까지 뚝 떨어질 거야.

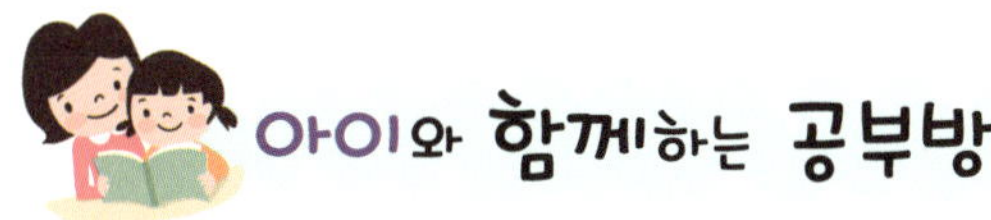

**thirsty** 써-ㄹ스티
목마른

**think** 씽크
생각하다

**brother** 브롸더ㄹ
(남자) 형제

**thousand** 싸우전드
천, 1000

 연습문제

① 다음 발음에 해당되는 단어의 철자를 찾아 표시하고, 빈칸에 쓰세요.

| 써-ㄹ스티 | 씽크 | 브롸더ㄹ | 싸우전드 |
| --- | --- | --- | --- |

p t h i r s t y m t h i n k c b r o t h e r x t h o u s a n d u o

| | | | |
| --- | --- | --- | --- |

② 다음 발음 표기를 보고 잘못 쓴 단어의 철자를 맞게 고쳐 쓰세요.

| | 발음 | | 잘못 쓴 단어 | | 맞게 쓰기 |
| --- | --- | --- | --- | --- | --- |
| ⓐ | 씽크 | … | hintk | … | |
| ⓑ | 브롸더ㄹ | … | etrhbor | … | |
| ⓒ | 싸우전드 | … | sdanhuot | … | |
| ⓓ | 써-ㄹ스티 | … | ytthris | … | |

답 ① thirsty / think / brother / thousand　② ⓐ think　ⓑ brother　ⓒ thousand　ⓓ thirsty

# 4  wh

wh ▶ 휘

---

 **엄마**의 **공부방**   wh가 들어 있는 단어를 발음해보세요.

**whisper** 휘스퍼ㄹ
[hwíspər]  속삭이다

**whisker** 휘스커ㄹ
[hwískər]  구레나룻, (고양이 등의) 수염

**whip** 휲
[hwíp]  매질하다, 거품이 일게 휘젓다

**whistle** 휘쓸
[hwísl]  휘파람[호각]을 불다

---

 표현 익히기

The referee blew the whistle to start the race.
심판이 경주를 시작하려고 호각을 불었다.

He whispered something to the girl.
그는 그 소녀에게 무언가를 속삭였다.

## 아이와 함께하는 공부방

**whale** 훼일
고래

**wheel** 휘-일
바퀴, 핸들

**who** 후-
누구

**white** 화이트
흰색

 연습문제

① 다음 발음에 해당되는 단어의 철자를 찾아 표시하고, 빈칸에 쓰세요.

| 훼일 | 휘-일 | 후- | 화이트 |

s w h a l e d w h e e l f w h o m u w h i t e w h i s e

② 다음 발음 표기를 보고 잘못 쓴 단어의 철자를 맞게 고쳐 쓰세요.

| | 발음 | | 잘못 쓴 단어 | | 맞게 쓰기 |
|---|---|---|---|---|---|
| ⓐ | 휘-일 | … | helew | … | |
| ⓑ | 후- | … | woh | … | |
| ⓒ | 훼일 | … | elwah | … | |
| ⓓ | 화이트 | … | iwteh | … | |

답 ① whale / wheel / who / white  ② ⓐ wheel ⓑ who ⓒ whale ⓓ white

Let's
study!!

# part 7

# 묵음과 알파벳 묵음

1. 묵음이 되는 철자
2. 알아두면 도움 되는 알파벳 묵음

## b

| 단어 | 단어의 뜻 | 발음 |
|---|---|---|
| climb | 오르다 | [kláim] 클라임 |
| thumb | 엄지손가락 | [θʌ́m] 썸 |
| debt | (남에게 진) 빚, 채무 | [dét] 뎉 |
| comb | (머리)빗 | [kóum] 코움 |
| doubt | 의심(하다) | [dáut] 다웉 |

## gh

| 단어 | 단어의 뜻 | 발음 |
|---|---|---|
| night | 밤 | [náit] 나잍 |
| fight | 싸우다 | [fáit] 파잍 |
| tight | 꼭 끼는 | [táit] 타잍 |

## h

| 단어 | 단어의 뜻 | 발음 |
|---|---|---|
| hour | 한 시간, 시간 | [áuər] 아우어ㄹ |
| honest | 정직한 | [ánist] 아니스트 |
| honor | 명예 | [ánər] 아너ㄹ |
| heir | 상속인, 후계자 | [ɛ́ər] 에어ㄹ |
| rhinoceros | 코뿔소 | [rainásərəs] 롸이나써뤄쓰 |

※ **kn**으로 시작되는 단어에서 **k**가 묵음됩니다.

| 단어 | 단어의 뜻 | 발음 |
|---|---|---|
| knife | 칼 | [náif] 나이프 |
| knob | (문, 서랍 등의) 손잡이 | [náb] 나브 |
| knight | (중세시대의) 기사 | [náit] 나잍 |
| knit | (실로) 짜다, 뜨개질을 하다 | [nít] 닡 |

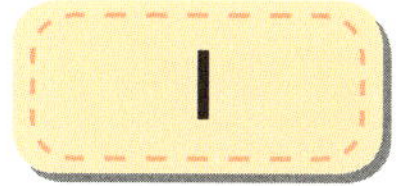

| 단어 | 단어의 뜻 | 발음 |
|---|---|---|
| walk | 걷다 | [wɔ́ːk] 워-ㅋ |
| talk | 말하다 | [tɔ́ːk] 토-ㅋ |
| half | 반(쪽), 절반 | [hǽf] 해프 |
| palm | 손바닥 | [páːm] 파-ㅁ |

| 단어 | 단어의 뜻 | 발음 |
|---|---|---|
| watch | 보다 | [watʃ] 워취 |
| listen | 듣다 | [lísn] 리쓴 |
| whistle | 속삭이다 | [hwísl] 휘슬 |
| kitchen | 부엌 | [kítʃin] 키췬 |

**W**

| 단어 | 단어의 뜻 | 발음 |
|---|---|---|
| write | 쓰다 | [ráit] 롸잍 |
| wrong | 틀린, 잘못된 | [rɔ́:ŋ] 뤄-ㅇ |
| wrestle | 레슬링을 하다 | [résl] 뢰쓸 (※t도 묵음) |
| wrap | 덮어싸다, 포장하다 | [rǽp] 뢮 |
| wrinkle | 주름(살) | [ríŋkl] 륑클 |

**연습문제**

① 다음 단어에서 묵음이 되는 철자에 표시하세요.

ⓐ climb　　ⓑ know　　ⓒ wrong　　ⓓ watch

ⓔ listen　　ⓕ half　　ⓖ hour　　ⓗ night

---

**-ing**  잉[iŋ]으로 발음합니다.

| 단어 | 단어의 뜻 | 발음 |
|---|---|---|
| king | 왕 | 킹 |
| ring | 반지 | 링 |
| sing | 노래하다 | 씽 |
| wing | 날개 | 윙 |

**-nk**  응크[ŋk]로 소리 납니다. 즉 n을 응[ŋ]으로 발음합니다.

| 단어 | 단어의 뜻 | 발음 |
|---|---|---|
| bunk | (배, 기차 등의) 침대 | 벙크 |
| sink | 싱크대, 세면대 | 씽크 |
| pink | 분홍색 | 핑크 |
| wink | 윙크하다 | 윙크 |

**-gh**  f와 같이 프[f]로 발음합니다.

| 단어 | 단어의 뜻 | 발음 |
|---|---|---|
| laugh | (크게) 웃다 | 래프 |
| tough | 거친 | 타프 |
| cough | 기침하다 | 커–프 |
| enough | 충분히 | 이너프 |

 션[ʃən]으로 발음합니다.

| 단어 | 단어의 뜻 | 발음 |
|---|---|---|
| na**tion** | 나라 | 네이션 |
| educa**tion** | 교육 | 에듀케이션 |
| naviga**tion** | 항해, 운항 | 내비게이션 |
| atten**tion** | 주의, 주목 | 어텐션 |

 션[ʃən]으로 발음합니다.

| 단어 | 단어의 뜻 | 발음 |
|---|---|---|
| mis**sion** | 임무 | 미션 |
| pas**sion** | 열정 | 패션 |
| ses**sion** | (대학의) 학기 | 쎄션 |
| expres**sion** | 표현, 표정 | 익스프레션 |
| demen**sion** | 차원 | 디멘션 |

 젼[ʒən]으로 발음합니다.

| 단어 | 단어의 뜻 | 발음 |
|---|---|---|
| deci**sion** | 결정 | 디씨젼 |
| vi**sion** | 시력 | 비젼 |

## -cial

셜[ʃəl]로 발음합니다.

| 단어 | 단어의 뜻 | 발음 |
| --- | --- | --- |
| social | 사회의 | 쏘셜 |
| special | 특별한 | 스페셜 |

## -ous

어쓰[əs]로 발음합니다.

| 단어 | 단어의 뜻 | 발음 |
| --- | --- | --- |
| dangerous | 위험한 | 데인져뤄쓰 |
| famous | 유명한 | 페이머쓰 |

## -ture

춰ㄹ[tʃər]로 발음합니다.

| 단어 | 단어의 뜻 | 발음 |
| --- | --- | --- |
| picture | 그림 | 픽춰ㄹ |
| furniture | 가구 | 퍼ㄹ니춰ㄹ |

Let's
study!!

# 부록

❶ 발음기호 익히기

❷ 발음기호 총정리

❸ 발음기호 연습으로 파닉스 다지기

# ① 발음기호 익히기

이미 파닉스를 알고 있는 학생들 중에도 국제 발음기호의 도움이 필요한 학생들이 많습니다.

아이에게 numerous(뉴머러스)를 읽혀보세요. 혹시 '넘에라우스'로 읽지는 않나요? 발음기호로 단어의 발음을 익히던 부모 세대와 다른 현상을 보이는 것이랍니다.

이러한 아이들을 위해 이번에는 파닉스 규칙을 벗어나는 단어들까지도 읽어낼 수 있도록 발음기호를 연습하겠습니다.

대부분의 파닉스 책에서는 어린이용 파닉스와 발음기호에 의존하는 어른용 파닉스를 구분하고 있어 생략하고 있는 부분이지만, 이 단계는 읽기의 완성 부분을 담당하고 있지요.

이 책에서는 미세한 차이는 같은 발음으로 취급하며, 가능한 실생활에서 활용하는 데 필요한 발음 위주로 설명합니다.

> **예** **crop** [krɑp] [krɔp] (농)작물

## ① 비슷한 소리로 들리는 발음 [æ]와 [ɛ]

| 발음기호 | 발음 | 단어의 예 | 단어의 발음 |
|---|---|---|---|
| [æ] | 애 | ant | 앤트 |
| | | arrow | 애뤄우 |
| [ɛ] | 에 | airplane | 에어ㄹ플레인 |
| | | pair | 페어ㄹ |

우리말에서 [애]와 [에]의 표기는 구분이 되지만, 발음으로는 구분이 잘 되지 않지요. 에[ɛ]는 에어[ɛə]처럼 뒤에 모음 발음이 올 때 나오는 발음기호이지만, 애[æ]와 거의 비슷한 발음으로 이해하면 됩니다.

**2** [에] 발음을 나타내는 [e]

단모음에서 배운 [에] 소리를 가진 e가 발음기호에 그대로 나타나므로 적용이 쉽습니다.

**예** egg   에ㄱ


**3** [아] [어] 발음을 나타내는 [ɔ]와 [ʌ]

아래 설명에서 보이듯 약간의 차이는 있으나, 둘 다 [아]로 알아두면 발음하기에 무리가 없습니다.

| 발음기호 | 발음 | 단어의 예 | 단어의 발음 |
|---|---|---|---|
| [ɔ] | 아 / 어 | hot | 핱 |
| | | drawer | 드뤄–어ㄹ |
| [ʌ] | 어<br>(아와 어의<br>중간 발음) | bug | 버ㄱ |
| | | monkey | 멍키 |


**4** 묻히는 [어] 발음을 나타내는 [ə]

강세가 붙지 않고 가볍게 발음하므로 거의 들리지 않습니다. 즉 about의 발음 [어바우트]에서 보듯이 a는 바로 다음에 나오는 자음 소리로 인해 약하게 발음됩니다. 또한 lesson의 o와 같이 강조되지 않는 발음이어서 구별할 수 없는 모음을 발음기호 [ə]로 표시합니다.

| 발음 | 발음 | 단어의 예 | 단어의 발음 |
|---|---|---|---|
| [ə] | 어<br>(힘을 주지 않고<br>어 발음) | about | 어바우트 |
| | | above | 어바브 |

**⑤ 조금 긴 [아-] 발음을 나타내는 [ɑː]**

| 발음기호 | 발음 | 단어의 예 | 단어의 발음 |
|---|---|---|---|
| [ɑː] | 아 | father | 파-더ㄹ |
| | | jar | 좌-ㄹ |
| | | art | 아-ㄹ트 |
| | | card | 카-ㄹ드 |

**⑥ 혼동되는 글자 a와 발음기호 [ɑ]**

단어 중의 단모음 a는 애로 발음하고, 발음기호에서의 [ɑ]는 아로 발음해야 하는 차이가 있습니다.

| 구분 | 발음 | 단어의 예 | 단어의 발음 |
|---|---|---|---|
| 단모음 a | 애 | ant | 앤트 |
| | | fan | 팬 |
| 발음기호 [ɑ] | 아 | far | 파-ㄹ |
| | | father | 파-더ㄹ |

지금까지 공부한 발음기호를 총정리해보는 표입니다.
발음기호만 보고도 소리를 낼 수 있도록 연습하세요.

| 글자 | 발음기호 | 발음 | 단어 |
|---|---|---|---|
| a | [æ] | 애 | ant |
|  | [ɛ] | 에 | airplane |
|  | [ei] | 에이 | angel |
|  | [ɑ] | 아 | father |
|  | [ə] | 어 | about |
| b | [b] | 브 | baby |
| c | [k] | 크 | cat |
| d | [d] | 드 | dog |
| e | [e] | 에 | egg |
|  | [i] | 이 | enjoy |
| f | [f] | 프 | fun |
| g | [g] | 그 | gum |
| h | [h] | 흐 | hat |
| i | [i] | 이 | pig |
|  | [ai] | 아이 | ice |
| j | [dʒ] | 즈 | jacket |

| 글자 | 발음기호 | 발음 | 단어 |
| --- | --- | --- | --- |
| k | [k] | 크 | key |
| l | [l] | 르 | lemon |
| m | [m] | 므 | monkey |
| n | [n] | 느 | nest |
| o | [ʌ] | 어 | Monday |
| | [ou] | 오우 | toe |
| | [a] | 아 | omelet |
| p | [p] | 프 | pan |
| qu | [kw] | 큐 | queen |
| r | [r] | 르 | radio |
| s | [s] | 스 | snake |
| t | [t] | 트 | ten |
| u | [ʌ] | 어 | under |
| | [ju] | 유 | uniform |
| v | [v] | 브 | vest |
| w | [w] | 우 | window |
| x | [ks] | ㅋ스 | box |
| y | [i] | 이 | candy |
| | [ai] | 아이 | sky |
| z | [z] | 즈 | zero |

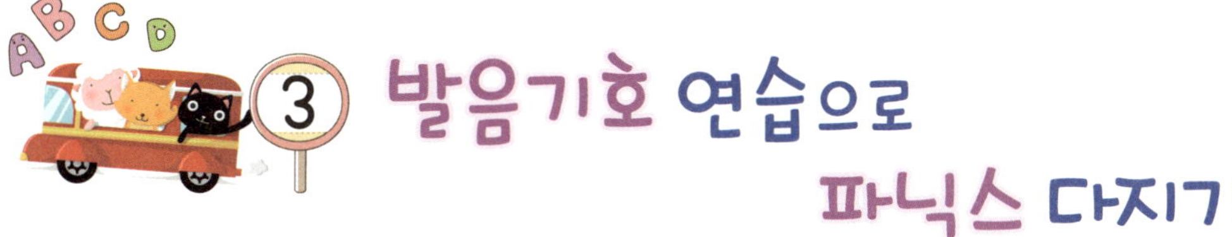

# ③ 발음기호 연습으로 파닉스 다지기

이 책의 앞부분 연습을 통해 이미 익숙해진 단어들을 국제 발음기호를 통해 다져보겠습니다. 이미 파닉스를 마친 학생들 중에도 이 국제 발음기호 연습이 필요한 경우가 많으니 참고하세요. 단순한 파닉스 발음만을 위한 단어가 아니라, 일반적으로 활용도가 높은 단어를 단계별로 구분해 수록하였으니 많은 도움을 받으실 수 있을 것입니다. 또한 발음 쓰기 칸에는 직접 한글로 발음을 써보면서 익히기 바랍니다.

## ① 기초

| 단어 | 단어의 뜻 | 발음기호 | 발음 쓰기 |
| --- | --- | --- | --- |
| angel | 천사 | [éindʒl] | ⓐ |
| baby | 아기 | [béibi] | ⓑ |
| egg | 달걀 | [eg] | ⓒ |
| dog | 개 | [dɔːg] | ⓓ |
| gum | 껌 | [gʌm] | ⓔ |
| enjoy | 즐기다 | [indʒɔ́i] | ⓕ |
| ant | 개미 | [ænt] | ⓖ |
| father | 아버지 | [fɑ́ːðər] | ⓗ |
| airplane | 비행기 | [ɛ́ərplèin] | ⓘ |
| cat | 고양이 | [kæt] | ⓙ |
| ice | 얼음 | [ais] | ⓚ |

| 단어 | 단어의 뜻 | 발음기호 | 발음 쓰기 |
|---|---|---|---|
| pig | 돼지 | [pig] | ⓛ |
| jacket | 재킷 | [dʒǽkit] | ⓜ |
| hat | 모자 | [hæt] | ⓝ |
| fun | 즐거운, 재미 | [fʌn] | ⓞ |
| monkey | 원숭이 | [mʌ́ŋki] | ⓟ |
| key | 열쇠 | [ki:] | ⓠ |
| Monday | 월요일 | [mʌ́ndei] | ⓡ |
| nest | 새의 둥지 | [nest] | ⓢ |
| lemon | 레몬 | [lemən] | ⓣ |
| uniform | 단체복 | [júːnifɔ̀ːrm] | ⓤ |
| omelet | 오믈렛 | [áməlit] | ⓥ |
| toe | 발가락 | [tou] | ⓦ |
| radio | 라디오 | [réidiòu] | ⓧ |
| queen | 여왕 | [kwiːn] | ⓨ |

답 ⓐ 에인즐 ⓑ 베이비 ⓒ 에그 ⓓ 더-그 ⓔ 검 ⓕ 인조이 ⓖ 앤트 ⓗ 파-더ㄹ ⓘ 에어ㄹ플레인 ⓙ 캪
ⓚ 아이쓰 ⓛ 피그 ⓜ �줴킽 ⓝ 햍 ⓞ 펀 ⓟ 멍키 ⓠ 키- ⓡ 먼데이 ⓢ 네스트 ⓣ 레먼
ⓤ 유-너퍼-ㄹ엄 ⓥ 아뮐릳 ⓦ 토우 ⓧ 뢰디오우 ⓨ 퀴-ㄴ

| 단어 | 단어의 뜻 | 발음기호 | 발음 쓰기 |
|---|---|---|---|
| move | 움직이다 | [muːv] | ⓐ |
| need | 필요하다 | [niːd] | ⓑ |
| sell | 팔다 | [sel] | ⓒ |
| shout | 소리치다 | [ʃaut] | ⓓ |
| buy | 사다 | [bai] | ⓔ |
| awful | 끔찍한 | [ɔ́ːfəl] | ⓕ |
| law | 법 | [lɔː] | ⓖ |
| recycle | 재활용하다 | [riːsáikl] | ⓗ |
| wonderful | 놀라운 | [wʌ́ndərfəl] | ⓘ |
| poor | 가난한 | [puər] | ⓙ |
| pharmacy | 약국 | [fáːrməsi] | ⓚ |
| solid | 고체 | [sáːlid] | ⓛ |
| liquid | 액체 | [líkwid] | ⓜ |
| planet | 행성 | [plǽnit] | ⓝ |
| wrong | 잘못된 | [rɔːŋ] | ⓞ |
| problem | 문제 | [prábləm] | ⓟ |
| count | 세다 | [kaunt] | ⓠ |
| fever | (몸의) 열 | [fíːvər] | ⓡ |

| 단어 | 단어의 뜻 | 발음기호 | 발음 쓰기 |
|---|---|---|---|
| freeze | 얼다 | [fri:z] | ⓢ |
| diet | 식이요법 | [dáiət] | ⓣ |
| important | 중요한 | [impɔ́ːrt(ə)nt] | ⓤ |
| useful | 유용한 | [júːsfəl] | ⓥ |
| difficult | 어려운 | [dífikʌlt] | ⓦ |
| glad | 기쁜 | [glæd] | ⓧ |
| promise | 약속(하다) | [prámis] | ⓨ |

답 ⓐ 무-브  ⓑ 니-드  ⓒ 쎌  ⓓ 샤우트  ⓔ 바이  ⓕ 어-플  ⓖ 러-  ⓗ 리-싸이클  ⓘ 원더ㄹ플  ⓙ 푸어-ㄹ
ⓚ 파-ㄹ머씨  ⓛ 쌀-리드  ⓜ 리퀴드  ⓝ 플래니트  ⓞ (우)뤄-。  ⓟ 프롸블럼  ⓠ 카운트  ⓡ 피-벌
ⓢ 프릐-즈  ⓣ 다이어트  ⓤ 임포-ㄹ턴트  ⓥ 유-스펄  ⓦ 디피컬트  ⓧ 글래드  ⓨ 프롸미쓰

| 단어 | 단어의 뜻 | 발음기호 | 발음 쓰기 |
|---|---|---|---|
| essential | 중요한 | [isénʃ(ə)l] | ⓐ |
| patience | 인내, 참을성 | [péiʃ(ə)ns] | ⓑ |
| distinguished | 유명한, 두드러진 | [distíŋgwiʃt] | ⓒ |
| anxious | 걱정하는 | [ǽŋ(k)ʃəs] | ⓓ |
| conscious | 의식하고 있는 | [kánʃəs] | ⓔ |
| knowledge | 지식 | [nálidʒ] | ⓕ |
| sufficient | 충분한 | [səfíʃ(ə)nt] | ⓖ |
| absolutely | 절대적으로 | [ǽbs(ə)lùːtli] | ⓗ |
| primary | 기초의 | [práimèri] | ⓘ |
| rarely | 드물게 | [réərli] | ⓙ |
| persuade | 설득하다 | [pərswéid] | ⓚ |
| coexist | 공존하다 | [kòuigzíst] | ⓛ |
| perceive | 인식하다 | [pərsíːv] | ⓜ |
| muscular | 근육의 | [mʌ́skjulər] | ⓝ |
| appreciate | 진가를 알다, 고마워하다 | [əpríːʃièit] | ⓞ |
| moisture | 습기 | [mɔ́istʃər] | ⓟ |
| psychology | 심리학, 심리 | [saikálədʒi] | ⓠ |
| participate | 참여하다 | [pɑːrtísipèit] | ⓡ |

| 단어 | 단어의 뜻 | 발음기호 | 발음 쓰기 |
| --- | --- | --- | --- |
| occupy | 차지하다 | [ákjupài] | ⓢ |
| receive | 받다 | [risíːv] | ⓣ |
| emphasize | 강조하다 | [émfəsàiz] | ⓤ |
| committee | 위원회 | [kəmíti] | ⓥ |
| neutral | 중립(적인) | [njúːtrəl] | ⓦ |
| literature | 문학 | [lít(ə)ritʃər] | ⓧ |
| missile | 미사일 | [mís(i)l] | ⓨ |

# 색인 index

<h1 style="text-align:center">색인 index</h1>

jet  33
jet lag  32
jewel box  32
join  32
joint  32
joke  32
journey  32
juice  124, 125
jump  33

keep on  34
kettle  34
key  35, 181, 184
keyword  34
kick  35
kid  35, 87
kidney  34
kill-time  34
kind  35, 36
kindness  34
king  35, 173
kingdom  34
kitchen  35, 171
kite  35, 102
kitten  35
knee  115
knife  171
knight  171
knit  171
knob  171
knowledge  187
Korea  34

label  37
lake  38
lane  98
lap  81
laugh  173
laundry  37
law  185
lean  116
left  38
leg  38
lemon  38, 182, 184
licence  37
lie  101
line  38, 102
lion  38
lips  87
liquid  185
listen  171
literature  188
lonely  37
long  38
look  38, 127
lose  37
loudly  37
lounge  126
lullaby  37
lung  37

mail  41, 113
male  40, 98

map  81
meal  117
measure  40
meat  117
mechanic  40
milk  41
millionaire  40
mine  101
missile  188
mission  174
mix  67, 87
model  40
moisture  187
Monday  41, 182, 184
monkey  41, 179, 182, 184
month  40
moon  41, 127
mouse  41
move  185
move-in  40
movie  41
mud  93
mule  108
muscle  40
muscular  187
music  41

nail  113
name  44, 99
nap  81
nation  174
national anthem  43
naughty  43

MEMO

MEMO